KB042313

이해하기 쉽게 16챕터로 정리한

정책이론 핸드북

Handbook of Policy Sciences

김정훈 | 서인석

박영사

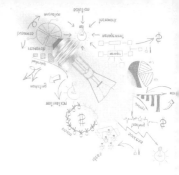

추천사

　두 제자가 어느덧 학문적 성장을 이루어 의미 있는 하나의 결과를 제시한다는 것은 충분히 감격할 일이다. 하지만 더 감격할 일은 한 사람은 공공기관의 일선에서, 또 다른 한 사람은 학계에서 이론과 현장을 연계하여, 그 시너지를 이 한 권에 담아냈다는 점이다.

　정책학은 Lasswell 이후 인간존엄성에 근접하려는 가장 이상적인 학문체계이지만, 대중들과 심지어 학생들에게도 좀 더 쉽게 다가서지 못하고 있다. 그간 많은 정책이론과 내용들을 하나의 교과서에서 총체적으로 다루다 보니, '뼈대'를 파악하는 데 한계도 있었을 것이다.

　이런 점에서 이 책은 확실한 '뼈대'를 갖추고 현장을 통한 사례를 서두에 제시하여 그 틀을 이해하는 데 쉽게 접근했다는 강점이 있다. 최근 많이 접목되어 활용되는 지식을 잘 선별하였을 뿐만 아니라, 기존 정책학의 전반적인 흐름을 담아내고 있어 정책학을 처음 접하는 독자에게 매우 유익할 것으로 생각한다. 또한, 각 과정에서 최근 중요한 이론들을 연계하고 있어 대학원생들의 좋은 지침서로도 활용될 수 있을 것이다.

허범 교수님의 정책학 강설 이후 많은 연구결과들이 쏟아지는 상황에서도 정책이론을 잘 조망하고 쉽게 대중들에게 전달할 수 있는 책은 소수였지 않을까하는 생각이 든다. 무엇보다 교과서 중심의 정책학은 그 양이 방대하여 전문적인 학습을 요하는 전공학생을 제외하고는 읽혀지기가 쉽지 않았다.

정책학은 사회문제를 해결하는 수단으로서 집약된 힘을 통해 '큰 문제'를 해결하는 데 그 목적이 있다. 본 저서는 얇지만 강한 '힘'으로 정책학의 이슈를 사회에 확산시킬 수 있는 '역할'을 담당할 수 있으리라 기대하면서, 감히 추천하고자 한다.

제23대 한국정책학회장 및 성균관대학교 국정전문대학원장
권기헌

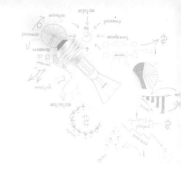

머리말

    정책학은 어떤 학문일까? 정책학에는 어떤 이론들이 있을까? 만약 어느 서점에서 행정학 분야를 기웃거리다 정책학이란 학문을 처음 알았다면, 이런 의문이 생길 만하다. 학부에서 행정학을 공부하지 않고 대학원에 진학해 정책학을 처음 접하고는 이런 질문을 하는 경우도 종종 보았다. 이 소책자는 정책학을 전공한 저자들이 이런 분들에게 작은 선물을 드리고 싶은 마음에서 마련되었다. 학교에서 배우는 교과서에 앞서 읽어볼 수 있는 개론서이자 수업노트와 같은 참고서라고도 할 수 있다.

    정책학은 단순히 정책집행의 효율성이나 정책과정의 민주성에만 관심을 둔 학문이 아니다. 우리에게 IMF 사태나 세월호 같은 아픔을 겪거나 이를 다시 극복하게 하는 것, 신고리 원전 건설 중지와 재개, 국가의 안보와 지속가능성을 유지토록 하는 것들로부터 세계사적으로는 쿠바에서의 미사일 위기 극복과 인류의 생존을 위협할 원자폭탄 투하 결정에 이르기까지 이 모두가 일련의 정책결정에서 비롯된다. 이에 정책학은 정책의 효율성과 민주성뿐만 아니라 성찰

성을 강조하는 학문으로 제시되고 있으며, 궁극적으로 인간의 존엄
성을 추구하는 가치지향적인 학문이라고 하겠다. 이 책으로 이러한
정책학 매력을 좀 더 전했으면 한다.

또 다른 면에서는 지니고 다니며 정책이론을 공부할 수 있도록
작은 소책자로 꾸미되, 손 안의 참고서가 될 수 있도록 수업에서 다
루는 내용을 주로 정리하였다. 정책학이 융합학문이기에, 다양한 학
문적 배경을 가진 후 대학원에서 정책학을 처음 접하는 경우가 많
다는 점을 특히 고려하였다. 주요 교과서와 원서의 관련부분을 주
석으로 제시하여, 정책학 교과서와 원서를 공부할 수 있도록 했다.
더불어 정책이론 전반을 다룬 도서로서 목차를 16챕터로 하여, 한
학기 수업에서 활용될 수 있도록 구성하였다.

사실 이 책자에는 여러 교수님들께 감사의 뜻을 전해드리고픈 마
음이 가장 크게 담겨있다. 먼저 지도교수님이신 권기헌 교수님께,
늘 아버지와 같은 마음으로 베풀어주시는 스승의 은혜에 깊은 감사
의 말씀을 올린다. 성균관대학교 국정전문대학원 교수님들께서는
행정학의 지식뿐만 아니라 학문에 대한 열정과 공부하는 자세에 대
해 많은 가르침을 주셨다. 학회 등을 통해 뵙게 된 여러 교수님들께
서는 어느 때에나 후학에 대한 관심과 애정을 보여주셨다. 그 은혜
가 하해와도 같다. 힘들 때 위로하고 격려를 아끼지 않은 여러 선후
배, 동료 연구자들께도 감사함을 같이 하고 싶다.

박영사 안종만 회장님과 관계자분들께도 감사하다. 많은 것을 담
지 못한 부족함에 두려움이 앞섰지만, 격려의 말씀에 용기를 냈다.
더욱 겸손히 정진해가야 함을 느낀다.

부모님과 가족을 향한 사랑으로
저자 올림

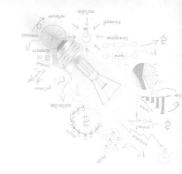

차 례

민주주의 정책학의 목적구조에 입각하여 정책학을 정의하면, 인간의 존엄성을 충실히 실현시키기 위하여 체계질서 차원에서 일어나는 공공 및 민간 부문의 정책 과정과 내용에 관한 지식을 문제지향적, 맥락지향적, 연합학문적으로 연구하는 학문이라 할 수 있다. - 허범 교수(제1대 한국정책학회장)

Chapter 1

라스웰(Lasswell)의 민주주의 정책학

Chapter 1

라스웰(Lasswell)의 민주주의 정책학

제2차 세계대전 중이던 1945년 8월 6일 이른 아침, 미국은 일본에 원자폭탄을 투하했다. '리틀 보이'(little boy)와 '펫 맨'(fat man)으로 불렸던 원폭 투하명령은 세계대전 말미에 그야말로 전쟁의 모든 승패를 좌우한 트루먼(Harry S. Truman) 대통령의 중대결단이었다. 이것이 전부는 아니었다. 단 한 번의 의사결정으로 히로시마와 나가사키에 수천수만의 사망자를 낸, 인류사적으로는 매우 비극적인 정책결정이었다.[1]

정치학자, 심리학자, 사회학자인 라스웰(Harold D. Lasswell)은 큰 충격을 받았다. '정책결정 하나가 이처럼 인류의 삶 전체를 위협할 수 있다면, 그 정책을 과연 바람직하다 말할 수 있을까?'

라스웰은 시카고대학교 메리엄(Charles F. Merriam) 교수의 제자로, 1930년 「정신병리학과 정치학」이라는 저서를 통해 명성을 얻기도 한 학자였다. 그는 다양한 학술활동을 통해 정치과정에 있어 인간심리에 기초한 실증적 연구를 진행하는 등 정치학이나 사회학 연

구에 인간본성에 관한 지식을 접목하여 많은 시사점을 제시하던 학
자였다.[2] 이러한 학문적 기반을 둔 헤럴드 라스웰은 대공황이나 전
쟁 중에 나타난 일련의 정책결정과 그 결과로 얻게 된 재앙들을 바
라보며, '인간의 존엄성'을 근본이념으로 삼는 새로운 학문체계를
다시금 추구하게 된다.

■ 정책지향성(The Policy Orientation)

1951년, 라스웰은 사회학자 러너(Daniel Lerner)와 함께 편집한
「정책학」(The Policy Sciences)이라는 논문집을 스탠포드대학 출판부
를 통해 내놓는다. 당시 시대적 배경 하에서 학자로서 가졌을 실증
적 고민들을 새로운 학문의 시작으로써 풀고자 한 것일까? 수록된
논문들 가운데 첫 번째 논문인 "정책지향성"(The Policy Orientation)
에서 라스웰은 정책지향의 내용을 도출하려는 목적을 지닌 학문으
로서의 '정책학'(the policy sciences)을 처음 제시하였다. 그리고 정
책의 형성과 집행 과정을 설명하는 것과 정책문제와 관련된 자료를
수집하고 이를 해석하는 데 관심을 둔 영역으로 정책학의 학문적
의의를 밝혔다.[3] 그는 정책연구에서 윤리와 가치문제가 적극적으로
다뤄질 것을 강하게 제언하였다. 그 결과 라스웰이 주창한 정책학
은, 당시 시대적으로 풍미되었던 논리적 실증주의 하에서의 가치중
립성을 지양하고 도리어 '인간의 존엄성 구현'이라는 가치지향성을
보다 분명하게 공포한 학문체계로서 자리하게 되었다.[4]

라스웰은 또한 사회 속에서 인간이 가치(존엄성)를 추구하며 사회
적 논의과정을 통해 산출되는 것으로서 정책결정을 이해하고자 하
였다. 그는 미국의 인종갈등 연구사례 등을 예로 들면서, 특히 사회
전체를 위한 정책은 공공가치를 추구하는 민주주의 하에서 결정될
수 있으며, 그러한 시각을 가질 때 과학이 정책에 봉사할 수 있다고

하였다. 라스웰은 이를 정책학이 지향해 가야 할 바라하며, 이러한 정책학을 '민주주의 정책학'(policy sciences of democracy)이라 불렀다.[5]

라스웰이 주창한 정책학은 처음부터 '인간의 존엄성'이란 가치를 지향하는 학문으로서 추구되었다. 다시 말해, 정책학은 인간 존엄성을 충실하게 실현코자 하는 목적구조를 가졌다. 그렇다면 이러한 학문적 목적은 어떻게 달성될 수 있을까? 라스웰은 그 답으로 정책학이 지엽적인 이슈보다 인간이 사회 속에서 봉착하는 '근본적인 문제'를 해결하는 데 초점을 맞춰야 한다고 주장하였다. 그리고 해결해야 할 근본적 문제로서 '문명사적 갈등, 시대사적 사회변동, 세계적 혁명추세, 체제질서 차원에서의 문제'를 제시하였다.

그리고 이러한 근본문제를 해결하기 위해서는 정책과정의 지향성과 정책내용의 지향성이 통합된 형태로서 '정책 지향성(policy ori-

▼ 그림 1.1 민주주의 정책학의 목적구조

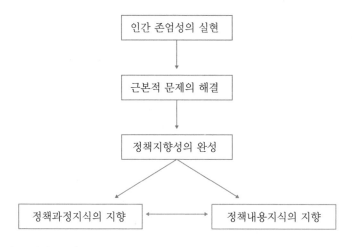

* 자료: 허범(2002: 298)

entation)의 완성'이 요구된다고 하였다.[6] 풀어보면, 정책학은 서로
분리되면서도 동시에 연관된 지식으로서 '정책과정에 관한 지식'
(knowledge of decision process)과 '정책내용에 관한 지식'(knowledge
in decision process)의 발전을 함께 지향하고, 이를 통해 정책지향성
의 의미 있는 완성을 추구하는 학문체계라고 하겠다.[7] 계층적으로
구조화된 정책학의 목적은 그 논리적 연관관계에 따라 <그림 1.1>
과 같이 표현된다.

■ 정책학의 패러다임

우리 사회에서 인간의 존엄성이라는 가치 실현에 정책학이 기여하
기 위해서는 정책과정에 관한 지식과 정책내용에 관한 지식의 연구
가 모두 필요하다고 할 때, 우리에게 요구되는 정책학 패러다임은
어떠한 것일까? 정책학의 효시가 된 1951년 논문 이후 라스웰은 정
책학을 더욱 개념화하기 위하여 1970년 "정책학의 새로운 개념"(The
Emerging Conception of Policy Sciences)이란 논문과 1971년 「정책
학 서설」(A Pre-View of Policy Sciences)이라는 저서를 내놓는다. 여
기에서 라스웰은 정책 지향성이 갖추어야 할 세 가지 패러다임으로
서 맥락지향성(contextuality), 문제지향성(problem orientation), 연합
방법지향성(diversity: synthesis of methods)을 제시하고 다음같이 설
명하였다.[8]

먼저 맥락지향적인 연구가 요구된다고 하였다. 정책학에서 맥락
지향성은 정책문제가 순치되거나 왜곡되지 않고 실제 상황적 맥락
에 따라 정책문제를 정의하고 해결하려는 성격을 말한다. 라스웰은
시공간과 사회적 차원에서, 1) 과거로부터 현재와 미래까지 아우르
는 시간적 맥락으로서의 역사적 경향(historical trend), 2) 장소적 맥
락으로서 세계적 안목(global perspective), 3) 복수의 참여자와 참여

자들이 추구하는 가치, 제도, 행위, 결과, 효과 등이 고려된 사회과
정모형(social process) 등을 포함하는 맥락지향성을 제안하였다. 이
는 좁은 의미의 행태주의 관점을 넘어 사회 속에 존재하는 정책문
제에 대한 총체적 맥락(entire context of significant events)에서의
탐구가 요구된다는 주장이었다. 그렇게 함으로써 정책학이 인간의
존엄성을 추구하며, 보다 더 근본문제를 해결해나갈 수 있게 된다
고 제언하였다.

　둘째, 문제지향적 연구가 제안되었다. 정책학이 근본문제에 대한
해결을 지향한다는 점에서, 1) 목표명시(goal clarification), 2) 경향
파악(trend description), 3) 여건분석(analysis of conditions), 4) 미래
예측(projection of developments), 5) 대안 창출·평가·선택(invention,
evaluation, and selection of alternatives) 등의 다섯 가지 연구 활동
이 요구된다고 하였다. 목표, 경향, 여건, 미래, 대안 등은 연구 활
동의 대상이면서 문제지향성의 내용이 되며, 실제 정책의 형성과도
합치되는 특징을 가진다.

　셋째, 연합방법지향성에 대한 요구다. 방법론상으로 분할주의 성
향은 문제를 적용 가능한 수준으로 분할하거나 최적의 합리적 방법
만을 적용시켜 가는 성향이 있다. 이에 중요한 문제를 회피하거나
기술적으로 적합한 문제만을 탐색하여, 선택이나 분할 혹은 조작과
같은 문제점이 나타날 우려를 갖게 된다. 라스웰은 분할주의를 극
복하기 위한 방안으로, 다원적 방법을 결합(synthesis of methods)
할 것을 권고하였다. 앞서 살펴본 맥락지향성과 문제지향성을 실제
적으로 확보할 수 있는 새로운 차원의 방법론으로서도 연합방법지
향성은 지향된다. 이는 정책문제 해결을 위한 연합학문접근적 성격
(inter-disciplinary approach)을 띠기도 한다.

　이처럼 정책학에서의 연구들은 맥락지향적, 문제지향적, 연합방

법지향적 성격을 함께 지니며, 궁극적으로 정책학의 목적구조에 의해 인간의 존엄성과 근본적 문제를 우선하여 지향한다는 정책지향성을 지닌다. 결과적으로 정책학은 라스웰이 주창하였던 바에 따라 가치를 지향하는 윤리적인 학문으로서 위상을 갖는다.

■ 라스웰 정책학의 정립

라스웰과 동시대의 학자로서 드로어(Yehezkel Dror)는 누구보다도 라스웰 정책학의 패러다임이 학문으로 정착되는 데 공헌을 한 학자였다. 그는 정책학의 목적이 정책결정체제로서 사회지도체제(social direction system)를 더욱 이해하고 이를 개선토록 하여, 보다 바람직한 정책결정이 이뤄질 수 있도록 하는 데 있다고 보았다. 따라서 정책학 연구는 '바람직한 정책결정을 위한 방법'(methods)이나 지식(knowledge), 체제(system)에 초점을 맞춰야 한다고 보았다. 이를 위해 그는 현실의 정책결정을 분석하고 평가하는 틀로서 정책결정에 대한 최적모형(optimum model)을 제시하기도 하였다.[9] 이처럼 드로어는 정책학이 추구하는 지식에 대한 방향성을 제시하고, 정책학을 하나의 포괄적이고 독립적인 학문으로 성장시키는 데 기여한 바가 크다.

지금까지 살펴본 민주주의 정책학에 대하여, 한국정책학회 1대 회장 허범 교수는 다음과 같이 정의한 바 있다.[10]

> 민주주의 정책학의 목적구조에 입각하여 정책학을 정의하면, 인간의 존엄성을 충실히 실현시키기 위하여 체계질서 차원에서 일어나는 공공 및 민간부문의 정책 과정과 내용에 관한 지식을 문제지향적, 맥락지향적, 연합학문적으로 연구하는 학문이라 할 수 있다.

이를 보면, 한국의 정책학계 역시 라스웰 정책학의 정통성을 수
용하고 더욱 발전시키고자 노력하고 있음을 알 수 있다. 학계의 큰
어른인 허범 교수의 바람대로, 정책학이 라스웰의 주창한 바에 따
라 그 위상을 올바로 정립하고 그 목적을 달성하는 데 있어 앞으로
더욱 커다란 전기를 맞이하기를 기대해 본다.[11]

 심화학습 ───────────────────

라스웰의 1951년 논문과 1971년 저서는 정책학도에겐 경전과도 같
다. 라스웰의 1951년 논문은 특히 '정책학의 효시라는 의미를 지니면서,
정책학의 발전에 대한 모든 유전자를 내포하고 있다'는 이중적인 학술
성을 지닌다.[12] 이와 더불어 2002년 「한국정책학회보」에 실린 허범 교
수의 논문은 라스웰 정책학을 공부하는 데 있어 필독해야 할 논문이
다.[13] 권기헌 교수의 「정책학의 논리」는 라스웰의 정책학을 어떠한 시각
으로 접근해야 하는지 그 방향을 올곧게 제시한 저서이기도 하다.

본서에서는 개론적 입장에서 라스웰의 논문을 짧게 소개한 것이기에
설명이 필요한 정책학 개념이 일부 생략되어 있다. 여러 정책학 교과서
를 통해 당시 행태주의에 따른 논리실증주의 학풍과 정책학의 '탈실증
주의' 접목에 대해 살펴볼 필요가 있다.[14] '주관적 극대화의 원리'도 매
우 중요한 개념인데, 이는 허범(2002: 295)을 통하여 개념을 정립할 수
있다.

주석

1. 권기헌, 2013: 105.
2. 정철현, 2008: 228 – 229.
3. Lasswell, 1951: 4.
4. 권기헌, 2007: 3; Ascher, 1987: 365.
5. Lasswell, 1951: 10.
6. Lasswell, 1951: 8 – 11; Lasswell, 1971: 1; 허범, 2002: 297; 권기헌, 2007: 7 – 8, 28 – 30. 단, 라스웰의 논문과 저서에서는 문명사적 갈등을 일으키는 문제(1951: 8), 시대사적 사회변동과 세계적 혁명추세(1951: 9), 체제질서 차원의 문제(1971: 1 – 2) 등이 별도로 제시되어 있다.
7. 허범, 2002: 297 – 298.
8. Lasswell, 1971: 14 – 75. 구체적으로 맥락지향성(contextuality)은 14 – 33페이지, 문제지향성(problem orientation)은 34 – 57페이지, 연합방법지향성(diversity: synthesis of methods)은 58 – 75페이지를 참조하였다.
9. 최적모형은 남궁근(2012: 436 – 438)을 보면 구체적으로 설명되어 있다.
10. 허범, 2002: 298.
11. 허범, 2002: 308 – 309.
12. 허범, 2002: 297.
13. 허범 교수의 논문은 한국정책학회 홈페이지(http://www.kaps.or.kr)의 '학회자료실 > 한국정책학회보'에서 PDF파일로 찾아볼 수 있다.
14. 정정길 등(2011: 5 – 9)을 참고하길 바란다.

Chapter 2

정책의 개념과 유형

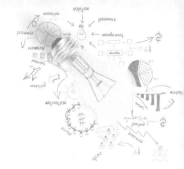

Chapter 2
정책의 개념과 유형

경제정책, 사회정책, 문화정책, 국방정책처럼 '정책'이란 단어가 들어가는 경우를 계속 나열하다보면 끝이 없다. 정책이란 용어가 지극히 다의적인 개념이어서 그러한데, 앞선 예처럼 정부의 활동분야에 맞춰 쓰일 뿐만 아니라 물가정책에서처럼 어떠한 목표나 바람직한 상태를 제시할 때, 트루먼 대통령의 원폭 투하 결정처럼 정부가 의사결정을 할 때 등으로 매우 광범위하게 쓰이고 있다.

그렇다면 학자들은 정책을 어떻게 정의하고 있을까? 초기 정책학자들을 살펴보면, 라스웰은 '문제해결과 변화를 유도하기 위한 활동'으로, 드로어는 '정부기관이 결정한 미래의 행동방침'으로 정의하였다.[1] 국내의 경우를 살펴보면, 정정길 교수 등은 "바람직한 사회 상태를 이룩하려는 정책목표와 이를 달성하기 위해 필요한 정책수단에 대하여 권위 있는 정부기관이 공식적으로 결정할 기본 방침"이라고 하였으며, 권기헌 교수는 "미래의 바람직한 상태를 실현하기 위한 정책목표와 이를 달성하기 위하여 강구된 과학적 정책수단

에 대하여 권위 있는 정부기관이 내린 활동지침"이라고 정의하고
있다.[2]

■ 정책의 개념적 구성요소

이렇듯 정책에 대한 정의를 살펴보면, 정책이란 개념에는 몇 가
지 요소들이 구성되어 있음을 알 수 있다. 정책이란 개념을 이해하
기 위하여 그 구성요소를 풀어 설명하면 다음과 같다.

첫째, '정책목표'다. 정책목표는 실현하고자 하는 바람직한 (사회)
상태를 의미한다. 예를 들어 경제정책의 목표는 지속적 성장과 안
정적 경제상태가 될 수 있을 것이고, 국방정책의 경우는 튼튼한 안
보유지가 될 수 있을 것이다. 다만 한 가지 유의할 점은 정책학에서
말하는 좁은 의미의 정책목표가 어떤 정치체제 내부에서의 것을 말
하는 게 아니라 사회 상태를 의미한다는 것이다. 일례로 물가안정
은 정책목표가 될 수 있으나 정부조직 개편은 정책목표가 될 수 없
다. 조직 개편 자체가 바람직한 '사회 상태'를 의미하지 않기 때문
이다.

정책목표는 소극적 또는 치유적 목표와 적극적 또는 창조적 목표
로 분류되기도 한다. 소극적 또는 치유적 목표는 문제가 발생되기
이전의 상태를 목표로 삼는 것을 의미한다. 대표적 사례가 환경정
책의 경우인데 공해가 발생되기 이전 상태, 즉 공해가 없는 상태로
되돌아가는 것을 정책목표로 삼았을 경우에 해당된다. 반면 적극적
또는 창조적 목표는 과거에 경험하지 못했던 새로운 상태를 정책목
표로 삼는 경우를 말한다. 경제정책 가운데 과거에 달성되지 못했
던 1인당 국민소득이나 수출금액을 목표로 하는 경우가 이에 해당
된다. 적극적 또는 창조적 목표는 미래지향적 목표로서 정책의 핵
심요소라 하겠다.

둘째, 정책목표를 달성하기 위한 '정책수단'이다. 일상 대화에서 (목표는 동의하는데) 정책이 맘에 안 든다, 라고 말하는 경우가 있는데 이때 정책은 정책수단을 두고 혼돈하여 말하는 경우가 많다. 물가안정을 위해 금리를 강제 조정할 것인지 통화량을 조정해나갈 것인지는 사람마다 생각이 다를 수 있다. 이처럼 정책수단은 개인들에게 직접적 간접적으로 영향을 미치기 때문에 이해관계에 따라 사회적 갈등과 대립이 첨예하게 나타나기도 한다.[3] 이러한 이유로 정책연구에서도 정책수단의 중요성은 점점 더 부각되고 있다.

셋째, '권위 있는 정부기관의 결정'이다. 여기에서 권위가 있다는 것은 정책을 결정할 권한이 있다는 의미로, 공식적 권위를 지녔다는 것을 뜻한다. 따라서 언론기관, 이익집단, 일반 국민의 여론 등은 정책결정에 큰 영향을 미치는 정책 참여자이긴 하나 정책결정 권한을 가진 권위 있는 기관이라고는 말할 수 없다.

넷째, '대상집단'이다. 학자에 따라서 대상집단은 정책목표, 정책수단과 함께 정책의 3대 구성요소로 제시되기도 한다. 정책 대상집단은 그 성격에 따라 혜택을 받는 수혜집단과 손해를 입는 피해집단으로 나뉜다. 환경정책과 같은 규제정책의 경우 대다수 시민들은 수혜집단이 될 수 있지만, 공장을 운영하는 기업가의 경우는 그 비용을 부담해야 하는 피해집단 될 수 있다. 반면 특정 정부서비스 제공 등과 같은 배분정책에서는 그 수혜집단이 소수로 제한되지만 그 비용을 분담해야 하는 피해집단의 경우 세금을 부담하는 국민과 같이 광범위하게 나타날 수도 있다.

■ 정책의 유형

정책이 다의적 개념으로 불리고 있다는 점에서, 학자들은 정책을 그 성질에 따라 분류함으로써 정책과정 등의 연구에 활용코자 하였다. 그 가운데에서 가장 유용하게 활용되는 것으로는 로위(Theodore J. Lowi)의 분류를 들 수 있다. 그는 1960년대 초 다원주의자와 엘리트주의자의 주장을 통합하려는 목적에서 정책을 분류하였는데, 의사결정론에 입각하여 정책을 크게 규제정책, 재분배정책, 배분정책, 구성정책으로 나눴다.

규제정책(regulatory policy)은 개인과 집단의 활동이나 사유재산에 정부가 일정한 규제를 가하는 정책을 말한다. 대개 특정 개인이나 집단을 대상으로 규제함으로써 다른 많은 사람들을 보호하려는 목적을 지닌다. 허위광고나 과대광고를 규제하는 것 등이 대다수 소비자를 보호하기 위한 대표적 규제정책의 예라 하겠다. 규제정책은 개개인의 권리나 자유를 제한하는 경우가 발생되기에 의회 의결을 필요로 하는 경우가 많다. 이렇게 법률로 결정된 정책의 불응자에게는 강제력을 행사하며, 경우에 따라서는 정책의 수혜자와 피해자 사이에 갈등이 발생되기도 한다.

재분배정책(redistributive policy)은 고소득층으로부터 저소득층으로 소득이전이 발생되는 정책을 말한다. 가장 일반적인 방법은 누진세 등의 조세정책으로 고소득층에게 누진적 부담을 주어 마련된 재원으로 저소득층에게 각종 사회적 급부를 제공하는 정책이라 하겠다. 재분배정책은 소득분배의 실질적 변경이 목적이 된다는 점에서 계급대립적인 성격을 지니기에, 조세정책이나 사회보장정책 등을 시행할 경우 계급 간의 대립을 어떻게 조정할 것인가에 대한 문제가 대두되기도 한다.

배분정책(distributive policy)은 국민에게 권리, 이익, 재화, 서비스 등을 배분하는 정책을 말한다. 정부에서 추진하는 고속도로나 항만, 철도시설과 같은 사회간접자본(SOC) 건설, 기업에 대한 수출보조금이나 농어민에 대한 소득증대사업 지원, 국공립학교의 교육서비스 등이 배분정책의 좋은 예이다. 이처럼 배분정책은 재화와 서비스를 정부가 산출하거나 제공하는 것이기에, 한정된 자원을 활용하여야 한다는 점에서 갈등이 발생될 수 있다. 즉, 비행장을 건설할 때 후보지역 간의 갈등이나 수출보조금의 대상에 대한 다툼이 정책과정에서 나타날 수 있다.

구성정책(constituent policy)은 정치체제에서 투입을 조직화하거나 체제의 구조와 운영에 대한 것을 말하며, 선거구 조정, 정부기구의 설립, 공무원 보수나 연금정책 등이 여기에 속한다. 로위는 다원주의자와 엘리트주의자 간의 논쟁을 통합하기 위한 목적에서 정책을 분류하였던 바 1964년 논문에서는 위의 세 가지 정책분류만 하였으나, 1972년 논문에서는 구성정책을 추가하여 1964년의 논문을 보완하였다.[4]

로위의 분류는 정책학 연구에서 가장 유용한 분류로 제시되지만, 다음과 같은 단점들도 제시되고 있다. 먼저, 정책을 분류하려면 각각의 영역에 배타성이 존재하여야 하는데, 재분배정책은 규제정책이나 배분정책과 서로 중복되는 경우가 발생한다. 일례로 재분배정책으로서 어떠한 서비스가 제공될 경우, 보다 많은 혜택이 저소득층에게 제공된다면 그 분류가 모호해질 수 있다. 또한, 정부의 모든 정책을 로위의 기준대로 분류하기가 힘들다는 점이 있다. 이 외에도 여러 이유로 로위의 분류는 비판을 받아왔다. 이러한 까닭에 로위 외에 다른 학자들은 정책을 또 어떻게 분류하였는지 살펴볼 필요가 있다.

알몬드(Gabriel A. Almond)와 파월(G. Bingham Powell)은 추출정책, 규제정책, 분배정책, 상징정책으로 정책을 나눠보았다.[5] 특징적으로 추출정책은 정부가 민간으로부터 거둬들이는 물적·인적 자원에 대한 정책으로 조세정책이 그 대표적 예라고 할 수 있다. 이 경우 추출량과 방법, 대상 등에 관한 사항들이 주로 이슈가 된다. 또한 상징정책은 정치적 이유 등으로 추진되는 경우로 공공건물이나 기념물을 세우거나 국경일을 지정하는 등의 정책을 말한다.

윌슨(James Q. Wilson)은 비용과 편익이 집중되는지, 분산되는지에 따라 정책의 유형을 <표 2.1>과 같이 분류하였다.

▶ 표 2.1 윌슨의 정책유형 분류

구분		편익	
		소수에 집중	다수에 집중
비용	소수에 집중	이익집단정치	기업가적 정치
	다수에 분산	고객지향정치	다수결의 정치

* 자료: Wilson(1995)

소수에게 비용과 편익이 모두 집중되는 경우는 이익집단정치(interest group politics)의 모습으로 보았다. 비용을 부담해야 하는 소수는 이러한 정책을 강하게 반대할 것이며, 편익의 혜택을 누릴 소수는 이러한 정책을 적극 찬성할 것이다. 따라서 이러한 영역은 이해관계에 따라 두 집단 간에 첨예한 갈등이 나타나거나 서로 대립하는 모습을 보일 수 있다.

비용이 소수에 집중되지만 편익이 다수에게로 분산되는 경우는 기업가적 정치(entrepreneurial politics)로 분류된다. 비용을 부담해야 하는 소수는 정책에 강하게 반발하지만 공익적 편익이 다수에게 펼쳐지는 경우라고 하겠다. 다만, 비용을 부담해야 하는 소수가 조직화 하여 이러한 정책이 결정되지 못하게 함으로써 다수가 수혜를 못 받게 되는 경우도 발생 가능하다.

비용이 다수에게 분산되고 편익이 소수에 집중되는 경우는 고객

지향정치(clientele-oriented politics)의 경우로 분류된다. 여기에 분류되는 정책은, 정책이 새롭게 제시되고 결정되는 데 용이하다는 특징을 갖는다. 특히 혜택 받는 소수가 집단화 될 경우 이들은 정책을 강력하게 요구할 것이기 때문이다.

비용과 편익이 모두 다수에게 분산되는 경우는 다수결의 정치(majoritarian politics) 상황으로 분류된다. 이 경우 실질적인 효과를 기대하고 정책을 추진한다기보다 비교적 느슨하게 형성된 집단이나 그들의 지도자가 투표나 대중적 인기를 의식하여 상징적으로 정책을 추진하는 경우를 예로 들 수 있다.

이처럼, 윌슨의 정책유형 분류는 비용과 편익을 중심으로 이해집단이 어떻게 형성되고, 그 사회적 구성(social construction)에 따라 정책이 어떻게 결정되는지를 설명하는 데 유용하였다.

다만 정책연구에서 정책유형을 구분하는 경우, 분류방법에 따라 정책을 구분하는 데 모호성과 중첩성이 여전히 존재할 수 있으며, 분류된 내용에 학자마다 의견이 같지 않을 수 있다. 이에 유형에 따라 연구를 진행할 때는 매우 신중을 기할 필요가 있다.

주석

1. Lasswell, 1951: 11−13; Dror, 1983: 12, 14−17.
2. 정정길 등, 2011: 35; 권기헌, 2014: 69.
3. 유훈 외, 2005: 31−32.
4. Lowi, 1972.
5. Almond and Powell, 1966.

Chapter 3

행위자와 정책과정모형

Chapter 3

행위자와 정책과정모형

정책은 누가 결정하는가? 정책을 결정하는 데 참여한 행위자는 소수일까, 다수일까? 정책이 어떤 과정에 따라 결정될 때 그 과정이 민주적이라고 말할 수 있을까? 로버트 달(Robert Dahl)의 유명한 저서 제목처럼, 정책이 결정되는 과정은 과연 '누가 지배하고 있는 것일까?'(Who governs?)

이번 챕터에서 살펴볼 권력모형(power theory)은 이러한 학문적 의구심으로 연구되어온 이론이다. 정책과정에 참여한 행위자 간의 상호작용 가운데 정치적 자원이나 권력의 크기 등에 따라 행위자의 의도(political decision)로써 정책이 결정된다고 보는 비합리적·정치적 성격의 정책모형이라 하겠다. 이론적 논의과정을 역사적으로 거슬러 올라가보면, 소수의 참여와 지배로 정책과정을 바라본 엘리트주의와 그 범위를 상대적으로 광범위하게 바라본 다원주의로 크게 나눌 수 있다.

엘리트주의부터 살펴보면, 고전적 엘리트주의자들은 어떤 정치체제든 일반대중이 영향력을 행사하기에는 가능성이 희박하다고 보았다. 파레토(Pareto)는 '비통치 엘리트'(nongoverning elite)와 정책결정에 관여하는 '통치 엘리트'(governing elite)를 구분했으며, 모스카(Mosca)는 이를 '정치계급'(political class)으로 정교화 하여 소수 엘리트에 의해 정치권력이 행사될 수밖에 없다고 주장하였다. 미헬스(Michels)는 이른바 '과두제 철칙'(iron law of oligarchic rule)이란 개념을 제시하며 정당처럼 민주적으로 보이는 조직일지언정 본질적으로는 상층부가 권력을 행사하는 엘리트 조직이라고 논의를 확대시키기도 하였다.[2] 반면 1950년대 이후 미국을 중심으로 한 엘리트주의는 어떤 정치체계가 얼마나 민주주의 이상을 결여하고 있는지 밝히는 입장에서 엘리트이론을 바라보았다. 그중 밀스(Mills)는 미국 전역을 대상으로 중앙집권화가 잘 이루어진 기업체, 정부의 행정관료, 군부의 지도자를 '권력 엘리트'(power elite)로 제시하고, 교육배경이나 종교, 경제적 이해관계, 혈족관계 등 경제적·사회적 구조로써 이들을 바라보고자 하였다.[3] 특히 헌터(Hunter)는 인구 50만 명의 미국 조지아 주 애틀랜타 시를 중심으로 인구 50만 명 가운데 저명인사 175명을 대상으로 설문조사하여 상업 및 제조업계, 공직자, 노동단체 중심의 40명을 뽑아내 지역사회 내에 권력구조(community power structure)가 있음을 확인하였다.[4]

  이러한 엘리트주의에 반박한 다원주의자로서는 로버트 달의 주장을 살펴보지 않을 수 없다. 그는 1780년대부터 1950년대까지 뉴 헤븐(New Haven) 지역사회 정책과정을 경험적으로 조사해, 이 도시가 과두제(oligarchy)에서 다원주의(pluralism)로 사회가 변화해왔음을 밝히고, 특히 정책의 결정에 직접적으로 영향을 주는 사람들이 소수라고 하더라도 간접적으로 영향을 주는 많은 하위 지도자들과 추종자가 있음을 강조하였다. 결국 이해관계에 따라 이익집단들이 적극적으로 의견을 개진하게 되기에 이들 집단의 지지를 얻으려고 정치가는 서로 경쟁할 것이므로 이익집단의 간접적 영향력 역시 절대 무시할 수 없다고 주장하였다.[5]

이후 엘리트주의와 다원주의는 상호 비판과 견제를 하면서 이론적 논의를 발전시켜왔다. 그 중에 바흐라흐와 바라츠(Bachrach & Baratz)는 로버트 달의 실증적 접근방법을 비판하면서, 권력을 지닌 엘리트들은 굳이 정책과정에 직접 참여하지 않고도 힘이나 영향력, 권위 등을 통해 정책을 자신이 원하는 방향으로 이끌 수 있음을 주장하였다. 즉, 정책을 결정(decision)할 때 불리할 경우 거론조차 못하게 하는 '무의사결정'(non-decision making)이 나타날 수 있다고 하며, 정책결정 권력에 양면성(two faces)이 나타남을 강조하였다.[6]

■ 권력구조에 대한 모형별 특징

엘리트주의 관점인 미국 '하위정부모형'(sub-government)/'철의 삼각'(iron triangle), 다원주의적 관점이 강한 영국의 '정책공동체'(policy communities)와 '이슈네트워크'(issue network) 그리고 '조합주의'(corporatism)와 같은 개념이 제시되면서 권력구조에 따라 모형의 성격을 구분하는 움직임이 있었다.

하위정부모형은 이익집단(대변자), 입법가 및 그 보좌관, 행정관료로 행위자들이 형성되며 이들이 정책분야에서 지속적인 상호작용으로 정책을 결정하는 경우를 말한다. 이해관계가 형성된 이익집단과 의회 소관 위원회에 속한 입법가와 보좌관, 그리고 관련부처 행정관료 등 소수의 엘리트들이 주요 행위자로서 특정 정책영역에서의 정책결정을 좌우한다는 것이다. 자율성과 안정성이 높은 이들은 마치 작은 정부와 같기에 하위정부 혹은 철의 삼각이라는 호칭을 얻었다. 모형은 정책결정 체계의 폐쇄성과 포획(capture) 과정을 설명하고 1960~70년대 미국의 정책과정을 이해토록 하여 인기를 얻었는데, 정책과정이 폐쇄적 집단에 의해 포획됨으로써 이들의 이익이 우선적으로 확보되고 공공이익이 무시됨을 보여줄 때 설명력이 강한 모형으로 제시되었다.[7]

정책공동체모형은 정책분야의 전문가들로 구성된 정책공동체가 구성될 수 있으며, 관료 및 행정기관, 정치인과 그 집단, 이익집단과 지도자 그룹뿐만 아니라 관련 연구기관과 대학이 행위자로 제시되는 모형이다. 즉, 하위정부모형에 전문가 집단이 추가된 것으로 이해될 수 있는데, 구성원들이 관심사항을 공유하고 유용한 자원을 가지고 있으며, 정기적 접촉 등을 통해 이슈나 문제점, 해결방안 등에 공통된 이해를 추구하게 된다. 다만, 하위정부모형이 소수 행위자들 간의 합의나 협력으로 정책결정이 나타난다고 보는 반면, 정책공동체모형은 정책문제 해결방안을 놓고 갈등도 발생할 수 있다고 본다.[8]

이슈네트워크모형은 하위정부모형의 비판적 관점에서 헤클로(Heclo)가 제시한 모형이다. 그는 개방적 행위자와의 관계를 놓쳐서는 안 된다고 지적하고, 범위를 확대해 이슈네트워크 분석이 필요함을 주장하였다.[9] 특히 미국사회에 있어서 하위정부 행위자들이 정책결정에 영향을 미치는 정도가 그리 크지 않으며, 정책 이슈 또는 시기에 따라서 그 영향력이 달리 나타난다고 보았다. 따라서 보다 융통성 있고 유연한 개념인 이슈네트워크의 개념이 필요하다고 하였다. 이익집단 혹은 시민집단들의 수가 증가하면서 정책과정에 참여하는 행위자들 간의 이해관계도 매우 복잡해지며 점차적으로 하위정부모형으로는 설명하기 힘든 사례가 증대된 점은 이러한 모형이 도출된 배경으로 작용하였다. 헤클로는 정책하위시스템이 연속되는 스펙트럼의 형태로, 한 끝에 하위정부가 있다면 다른 한 끝에

는 정책이슈에 따라 행위자들의 영향력이 달라지는 개방적 이슈네
트워크가 있다고 보았다. 그에 따르면, 이슈네트워크는 "식별가능한
일단의 행위자가 없고 일정기간에서의 안정성을 갖지 않으며, 자율
성이 없거나 네트워크나 환경의 경계조차 불분명한" 특징을 보여
준다.

한편 조합주의는 미국 이외의 나라들, 특히 유럽을 중심으로 나
타난 정책과정을 설명하기 위해 발전된 이론이다. 이 모형에서 이
익집단은 이해관계보다는 기능적으로 구분된 특징을 지니기 때문에
집단 간 경쟁보다는 협력을 이룬다. 국가 역시 자체이익을 지니며
여러 이익집단의 활동들을 규정하고 포섭하며 억압하는 독립된 실
체로 보기에, 조합주의에서는 국가 이익 확대와 질서유지를 위하여
사회문제에 적극 개입하는 정부의 역할이 강조된다.[10]

■ 모형별 비교

각 모형별 특징을 더욱 이해하기 위해 각 모형들을 비교하여 살
펴보자. 먼저 하위정부모형과 이슈네트워크를 비교하면 <표 3.1>
과 같다. 하위정부모형의 경우에는 자율성이 높은 행위자 간 소규
모 모임인데 반해 이슈네트워크는 행위자 간의 약속이 적거나 의존
도가 낮은 행위자들로 구성되어 있다는 점, 하위정부모형이 직접적
이해관계가 높은 안정적 행위자로 구성된 반면 이슈네트워크는 행
위자가 자유롭게 네트워크에 소속되거나 이탈할 수 있다는 점 등의
차이를 보인다.[11]

▼ 표 3.1　하위정부모형과 이슈네트워크 비교

구분	하위정부모형	이슈네트워크
정치적 제휴	안정적	불안정
의사결정 영역	분절적	분산됨
행위자 수	제한됨	무제한
권력	분해됨	매우 분해됨
의사결정 접근성	폐쇄적	개방적
최종 의사결정점	각 부문별로 존재	존재하지 않음

* 자료: Jordan(1981)

　정책공동체와 이슈네트워크를 비교해보면, 정책공동체는 참여하는 행위자의 규모가 지극히 제한적이거나 일부 행위자의 참여가 배제될 수 있는가 하면 이슈네트워크는 다수 행위자로 구성되었기에 규모가 상대적으로 크기에 구성원들 간에 서로 잘 알고 있다고 가정하기가 힘들다. 또한 정책공동체 내에서는 대다수 행위자들이 협의를 갖는다고 보는 반면 이슈네트워크에서는 행위자들 사이에 접촉빈도나 강도가 다양하며 가변적이라고 가정한다.[12] 이러한 특징에서 두 모형은 <표 3.2>와 같이 정리될 수 있었다. 실제 사례연구 가운데 정책공동체모형은 영국 사례에서, 이슈네트워크모형은 미국 사례에서 설명력이 크다고 제시된 바 있기도 하다.

　이러한 이론적 발전 과정에서 1960년대 이후 등장한 하위정부모형이나 정책공동체모형, 이슈네트워크모형 등은 정책과정 연구에서 네트워크 분석을 도입하게 된 원인으로도 평가받고 있다.[13]

구분	정책공동체	이슈네트워크
참여자 수	극히 제한적	다수
이익집단	경제/전문적 이해관계	다양한 범위 이해관계
상호작용	높은 빈도의 상호작용	유동적
합의	기본가치 공유, 합의	일정한 합의, 갈등 존재
자원	모든 행위자가 보유	자원보유가 한정적
참여조직	계층적, 지도자의 통제	배분관계/능력 다양

표 3.2 정책공동체와 이슈네트워크 비교

* 자료: Marsh and Rhodes(1992: 251)

 심화학습

　정책과정에 어떤 행위자들이 참여했는지를 분별해내기에 요즘 세상
은 너무 복잡하다. 다변화·다각화된 정책 영역과 인터넷의 발전으로 기
존 언론매체뿐만 아니라 SNS 등 다양한 매체를 통해 복잡한 이해관계
가 분출되는 현실에서, 어떤 정책이든 어느 한 기관에 의해 일방적으로
결정되기는 힘든 세상이다. 또한 행정부나 입법부와 같은 공식적인 행
위자뿐만 아니라 비공식적인 다양한 집단들 간에 상호작용이 전개되고,
그렇게 전개된 논의가 정책과정과 결정에 영향을 주고 있다.[14] 이러한
현실에서 행위자 중심의 정책과정을 설명할 수 있는 방안으로 정책네트
워크모형(policy network)이 관심을 받고 있다. 아담과 크리시(Adam
and Kriesi)가 제시하였듯이,[15] 정책공동체와 같은 다원주의부터 철의
삼각과 같은 엘리트주의, 이슈네트워크, 조합주의와 같은 기존의 관점들
을 넘어서서 행위자 상호간 영향까지 검증할 수 있는 유용한 접근방식
으로서 네트워크 접근방식이 학계 지지를 얻고 있기 때문이다.[16] 아담과
크리시는 정책네트워크에 관한 연구를 크게 3가지로 종합하여, 1) 정책

네트워크 형성의 맥락으로서 초국가적 맥락·국가적 맥락·정책영역의 맥락을, 2) 정책네트워크의 특징으로서 행위자·상호작용·관계구조 등을, 3) 정책네트워크의 영향으로서 정책변화 가능성과 정책변화의 유형을 중점적으로 연구할 것을 제안하기도 하였다.[17] 이러한 네트워크 연구는 "현상의 맥락을 고려하며, 네트워크 사이에 존재하는 권력을 분석하고, 무엇보다 왜 그러한 현상이 일어났는지에 대한 설득력 있는 설명을 추구"한다는 점에서, 탈실증주의적 접근방식으로서 정책학 연구에 기여한다고 본다.[18] 더불어 정책네트워크의 경험적 연구를 진행하기 위해 방법론 측면에서 사회연결망분석, 혹은 네트워크 분석 방법론에도 관심이 커지고 있다.[19] 학자로는 골드스미스와 케틀(Goldsmith and Kettl)을 비롯하여 골드스미스와 에거스(Goldsmith and Eggers) 등이 정부 영역의 네트워크 연구에 영향을 주고 있다.[20]

주석

1. 본 챕터는 김정훈(2014: 1−2, 10−19; 2017) 내용을 주로 인용하였다.
2. 서울대학교 정치학과 공저, 2009: 126−128; 조현수 (역), 2012: 158−159; Bottomore, 1966: 14−16.
3. Mills, 1956: 101−110, 242−268.
4. Hunter, 1963: 62−76.
5. Dahl, 1961: 85−86, 163−164.
6. Bachrach and Baratz, 1970: 44.
7. Waarden, 1992: 45−46; Carter, 1964: 18; Berry and Wilcox, 2006; Howlett and Ramesh, 2003: 148.
8. Campbell et al., 1989: 18.
9. Heclo, 1978: 87−124.
10. 남궁근, 2005: 517.
11. Heclo, 1978: 88, 102.
12. Marsh and Rhodes, 1992: 249−252.
13. Smith, 1993: 96−98.
14. 권기헌, 2007: 150.
15. Adam and Kriesi, 2007: 129.
16. Kettle, 2009: 10−12; Goldsmith and Eggers, 2004: 8, 25−38; Rhodes, 1990: 19; 김정훈, 2017.
17. Adam and Kriesi, 2007: 148.
18. 권기헌, 2007: 158.
19. 연결망분석의 참고서로는 김용학(2013), 이수상(2013), Wasserman and Faust(2009) 등이 추천된다.
20. Goldsmith, S. and Eggers, W. D. (2004). 및 번역서, Goldsmith, S. and Kettl, D. F. (2009) 등.

Chapter 4

정책의제설정과 정책의 창

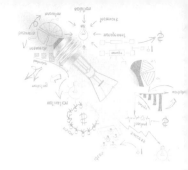

정책의제설정과 정책의 창

　정책은 어떻게 시작되고 어떻게 종료될까? 여기에도 학자마다 여러 의견이 있겠으나,[1] 전통적으로 정책은 '정책의제설정 – 정책결정 (형성) – 정책집행 – 정책평가 – 정책변동' 5단계로 그 생명주기(life cycle)를 구분하고 있다. 본서도 이러한 순서대로 목차를 구분하였다. 이번 챕터는 그 첫 단계로서, 정책의제설정 단계에 대한 논의를 다루고자 한다.

　우리가 사는 세상에는 개인적인 차원에서부터 국가 차원까지 다양한 사회문제가 발생한다. 그런데 가만히 바라보면, 수많은 사회문제 가운데 극히 일부 문제만이 정부의 정책문제로 다뤄지고 정책의제로 설정된다. 그러면 도대체 어떤 사회문제가 정책문제로 선별되는 것이며, 또 어떻게 정책의제로 채택되는 것일까? 이러한 의문을 가지고 정책의제설정의 개념과 중요성, 절차와 유형, 요인 등에 대하여 검토해보자.

■ 정책의제설정

정책의제설정(policy agenda setting)은 사회문제를 정책문제로서 정책의제로 채택하는 과정 혹은 그러한 행위를 뜻한다. 따라서 정책과정의 첫 단계로서 정책의제를 설정하였다는 것은 1) 다양한 사회문제 가운데 정책문제가 선택되었으며 향후 정책을 통해 그 문제의 해결가능성을 높였다는 것과, 2) 이후의 정책과정으로서 '정책결정(형성) – 정책집행 – 정책평가' 등에까지 영향을 준다는 것을 의미한다. 즉, 정책의제로 설정된 문제는 그 대안이 이미 논의되고 있음을 전제로 하기에, 의제설정 단계에서 어떠한 대안들이 논의되었는지는 이후 정책으로 결정되고 집행되거나 평가하는 데까지 영향을 준다고 하겠다. 이처럼 정책의제설정은 시작점으로서 정책과정 전반에 의미를 부여한다.[2]

한편 사회문제가 공식적인 정책문제로 채택되기까지는 여러 절차를 거친다. 일반적으로 사회문제는 사회에 영향력이 있는 집단이나 혹은 많은 사람들이 사회적 기준이나 기대에 미치지 못한다고 인식하는 문제라고 할 수 있다. 이러한 사회문제 가운데 사회적 쟁점이 된 후 공중의 주목을 받게 되면 이를 공중의제라 하는데, 공중의제로 선별된 문제는 이를 해결하는 것이 정부의 정당한 권한 내에 속한다는 인식뿐만 아니라 정부가 해결해야 한다는 공감대를 형성한 문제들이라 하겠다.[3] 그리고 공중의제들 가운데 정부가 공식적으로 해결하겠다고 밝힌 문제가 비로소 정부의제(government agenda)로 자리하게 된다. 결과적으로 정책의제설정은 '사회문제 – 사회적 쟁점 – 공중의제 – 정부의제'라는 일반적인 절차를 갖는다. 다만 사회문제의 성격이나 정치·경제·사회 여건에 따라서 사회문제가 곧바로 정부의제로 되거나, 혹은 사회문제가 사회적 쟁점을 거쳐 정부의제로 전개되는 경우, 사회문제가 바로 공중의제가 된 후 정부의제가 되는 경우 등으로 다양하게 전개될 수 있다.

정책의제설정은 주도적인 행위자 집단이 외부 세력인가 혹은 정부 내 세력인가에 따라 다음같이 그 유형을 나눠 설명할 수 있다.[4]

외부주도모형(outside initiative model)은 외부의 이익집단들이 이슈를 제기하여 공공의제가 된 후 성공적으로 정부의제가 된 경우를 말한다. 이러한 경우는 다원적이고 민주화된 선진국에서 많이 나타나며, 따라서 최종결정이나 실제 정책집행이 이슈를 제기한 이익집단의 의도에 맞게 이뤄진다는 보장은 없다. 여론을 형성하는 언론기관이나 정당의 역할 역시 중요시된다. 종종 주도적 이익집단과 반대집단 간의 상호작용에 따라 정책과정에 상당한 시간이 소요되기도 한다.

동원모형(mobilization model)은 영향력 있는 정책결정자가 이슈를 제기하여 이것이 자동적으로 정부의제가 되고, 정부의 의도에 따라 공중의제로 확산되는 경우를 말한다. 예를 들어, 영향력 강한 정치가가 문제를 제기할 경우 정부기관에서 이에 대한 대중적 지지와 예산 획득 등을 위해 노력하는 사례를 들 수 있겠다. 이러한 경우는 강한 정부나 후진국에서 많이 나타난다.

내부접근모형(inside access model)은 정부기관 내부의 관료집단에서 사회문제를 정부의제로 채택하는 경우를 설명한다. 이 때 정책제안이 정부의제화 하기까지 그 내용은 일반대중에게 알려지지 않고 소수집단에 한정되어 진행된다. 이러한 경우는 소수집단이 이익을 보려는 배분정책 등에서 자주 나타난다.

여기에 메이(May)는 공고화모형(consolidation model)을 더하였다.[5] 이는 대중의 지지를 이미 얻고 있는 정책문제를 정부가 주도적으로 해결해가는 경우라고 할 수 있다. 종합하여 정책의제설정 유형은

<표 4.1>과 같이 정리된다.

표 4.1 정책의제설정의 유형

구분		대중의 관여정도	
		높음	낮음
의제설정 주도	민간	외부주도	내부접근
	정부	공고화	동원

* 자료: May(1991: 187－200)

지금까지 살펴본 것처럼 사회문제가 정부의제로 채택되기까지는 험난한 절차와 행위자 간 경쟁이 요구된다. 그러면 정책결정은 사회적으로 문제가 거론되고 이에 대안을 마련하여 정책이 결정되는 단선적 형태로만 진행된다고 봐야하는 건가? 또 어떤 문제는 발생하자마자 정부가 발 벗고 해결하려고 하면서도, 어떤 문제는 정부에게 관심조차 못 받는 이유는 무엇일까?

■ 정책의 창(policy window)

이러한 의구심을 가득 품은 킹돈(John Wells Kingdon)은 「의제, 대안, 정책」(Agendas, Alternatives, and Public policies)이라는 저서를 통해 정책흐름모형(policy stream model)을 제시하였다. 이는 코헨·마치·올슨(Cohen, March, & Olsen)이 제시한 쓰레기통모형에서 아이디어를 빌려와 정책의제설정의 과정을 설명한 모델이라고 할 수 있다.[6]

정책흐름모형은 문제의 흐름(problem stream)·정책대안의 흐름(policy stream)·정치의 흐름(politics stream)이라는 세 흐름이 독립적으로 흐르다가 어떤 계기로 결합할 때(coupling), 정책의제가 설정되어 정책의 창(policy window)이 열린다는 이론이다.

1) 문제의 흐름은 정부의 관심대상에 어떤 문제가 제시되는가에 관한 것으로, 정부안팎의 이해당사자나 대중매체가 그 흐름을 주도한다고 본다. 2) 정책대안의 흐름은 문제를 분석한 정보의 흐름이자 그 대안이 생성되는 과정이라 할 수 있다. 킹돈은 이를 정책의 원시스프(policy primeval soup) 상태라고도 하였는데 학자, 연구자, 공직자, 정책분석가 등 정책대안을 제시할 수 있는 전문가들이 주도하는 흐름이라 하겠다. 3) 정치의 흐름은 선거나 투표와 같은 정치적 사건으로 인해 정권이 교체되거나 입법부의 의석수가 변화하는 경우 등을 들 수 있다. 이러한 흐름은 대개 대통령으로부터 국회의원, 정당 지도부, 이익집단의 대표 등이 주도한다. 이 가운데 정책의 창이 열리는 데는 보통 정치의 흐름이 크게 작용한다. 특히 정권이 교체되는 경우 대선공약 등에 따라 대통령인수위원회에서 새로운 정책의제를 설정하는 것을 주로 볼 수 있다. 그리고 국회에서의 의석 변화나 정치적 영향력이 큰 지도자의 관심에 따라 정책의제가 제시되는 경우도 적잖다.

한편 킹돈은 문제의 흐름과 정치의 흐름이 정부의제(government agenda)를 설정한다면, 세 흐름이 모두 합류하였을 때 결정의제(decision agenda)가 나타날 가능성이 높다고 하였다.[7] 이러한 면에서 킹돈은 세 흐름이 합류하는 경우를 중요하게 생각한 것 같다. 킹돈은 그러한 상황으로 초점사건(focusing event)이 발생하는 경우를 제시키도 하였다. 즉 어떤 사건이 발생했을 때 이 사건이 세 흐름이 만나는 전환점(critical juncture)이 되거나 정책의 창을 열게 하는 점화장치(triggering device)로 작용할 수 있다는 것이다. 큰 재난 이후에 관련 정책이나 제도가 새롭게 수립되는 경우를 생각해보면 이러한 설명이 쉽게 이해된다. 미국에서 9·11 테러 이후 국토안보부

(Department of Homeland Security)를 신설하고, 우리나라에서 세월
호 참사 후에 국민안전처를 새로 출범시켰던 것을 사례로 들 수 있다.

정책의 창은 열리기도 하지만 닫히기도 한다. 1) 정책과정에 참
여한 행위자들이 이만하면 충분하게 정책문제가 다뤄졌다고 여기는
경우라면, 정책의 창이 닫히고 정책의제로서 설정되지 않을 수 있
다. 2) 정책과정 가운데 정부의 행동을 유도하지 못했을 경우다. 국
회에서의 입법화가 실패하였을 경우 그 문제에 대한 정책의 창은
닫히고, 관심은 다른 문제로 바뀔 수 있다. 3) 정책의 창을 열게 했
던 어떤 사건의 관심이 급속하게 식는 경우도 정책의 창을 닫게 한
다. 4) 정부의 인사이동도 정책의 창을 열거나 닫게 하는 원인이 된
다. 어떤 문제에 관심이 많은 사람이 관련 직책을 맡거나 혹은 떠나
게 되는 경우라 하겠다. 5) 어떤 문제에 대한 정책의 창이 열렸으나
그 대안을 찾지 못했을 경우에도 정책의 창은 닫힐 것이다.[8]

정책의제설정에 있어서 정책창도자(policy entrepreneur)의 역할도
주목해볼 필요가 있다. 정책창도자는 정책의제를 설정하는 데 있어
리더십을 발휘하여 문제·정책대안·정치의 흐름을 주도적으로 합류
시키는 주체로서, 실질적으로 정책 아이디어를 개발하고 정책의제
를 제시하며, 제시한 정책이 효과적으로 집행될 수 있도록 한다.[9]
정책과정에서 정책창도자가 수행하는 역할은 다음과 같이 제시된
다.[10] 1) 정책 아이디어를 개발하고 제안한다. 2) 문제를 정의하고
문제를 인식할 틀을 설계한다. 3) 정책대안을 구체화한다. 4) 정책
과정에 참여한 이해집단 간에서 중개와 조정을 맡는다. 5) 여론을
동원한다. 이로써 정책창도자는 적절한 시기에 세 흐름이 합류되어
정책의 창이 열리도록 하는 데 주도적인 역할을 하며, 강한 리더십
을 지닌 정책과정의 주체자로 인식된다.

■ 포자모형

정책의제설정과 관련된 모형 중에서 킹돈의 모형 외에 포자모형에 관해서도 알아둘 필요가 있다. 포자모형은 어떠한 환경이 조성되지 않으면 곰팡이가 균사체로 발전하지 못하고 포자 상태로 그냥 남는 것처럼, 어느 영향력 없는 집단의 이슈는 일정한 환경이 조성되지 않고서는 정부의 정책의제로 발전할 수 없다는 이론이다. 어떤 문제나 사회 이슈가 정책의제로 발전하기 위해서는 어떤 촉발장치나 정책창도자의 역할로 인해 촉진되는 환경 변화가 필요하며, 그래서 정부의 관심을 얻을 유리한 환경이 조성될 때에 그러한 문제나 이슈가 정책의제로 설정될 수 있다는 것이다.

 심화학습

정책의제설정은 정책과정의 첫 단계라는 의미를 지닌 과정모형이다. 따라서 정책의제설정에 관한 연구에서는 어떠한 환경에서 어떤 행위자(집단)가 어떤 이슈와 정책대안을 제시하였는가를 중점적으로 검토하게 된다. 또한 어떤 사건이 발생하였을 때 사회 리더나 공동체가 그러한 문제점들을 어떻게 인식하며 얼마나 해결하려는 의지를 가졌는지를 살펴본다.[11] 나아가, 최근 헌법소원을 중심으로 개인의 행동에 따라 정책의 수정과 수정을 위한 결정이 이루어지고 있어,[12] 의제설정과 어떤 관련성을 지니고 있는지에 대해서도 관심을 두고 살펴봐야 할 것이다.

최근 킹돈의 모형이 새롭게 부각되며 정책의제설정뿐만 아니라 정책변동에 관한 모형으로도 적극 활용되고 있다. 현대사회에 대규모 재난이 큰 사회적 이슈가 된다는 점에서, 특히 초점사건 이후 재난관련 정책이 어떤 과정으로 변동하게 되었는지는 중요한 연구대상이 된다.[13]

주석

1. Lasswell, Anderson, Jones, Dye, Dunn 등 다양한 학자들의 견해는 남궁근(2012: 370 − 372)을 통해 정리할 수 있다.

2. 권기헌, 2010b: 136 − 137.

3. Cobb & Elder, 1983.

4. Cobb, Ross & Ross, 1976: 126 − 135.

5. May, 1991.

6. 정정길 등(2011: 301)에 따르면, 쓰레기통모형은 조직화된 무정부 상태에서 상당히 독립적인 네 가지 흐름, 다시 말해 '문제의 흐름·해결책의 흐름·참여자의 흐름·선택의 흐름'이 우연히 결합될 때 의사결정이 이뤄진다는 것이다. 권기헌(2013: 160 − 161)에서는 이를 좀 더 쉽게 설명해주는데, 사무실에서 중요한 서류를 찾다가 쓰레기통 안에 버려진 여러 문서들 가운데에서 그 서류를 다시 찾아내는 것처럼, 정책이 우연한 상황에서 결정된다는 것이다. 쓰레기통모형은 이후 정책결정모형으로서 다시 살펴볼 것이다. 한편, Sabatier, Zahariadis 등 외국 연구물에서는 Kingdon 모형을 다중흐름모형(multiple stream model)으로 부르기도 한다(권기헌, 2014: 520).

7. Kingdon, 1995: 178 − 179.

8. Kingdon, 1995: 168 − 170.

9. Kingdon, 1995: 179 − 182.

10. 정정길 등, 2011: 300.

11. 권기헌, 2013: 164 − 165.

12. 서인석·윤병섭, 2017.

13. 이를 주제로 하여 이동규(2011) 교수는 한국행정학회에서 학술상(학위논문)을 받은 바 있다.

Chapter 5

정책설계와 사회적 구성주의

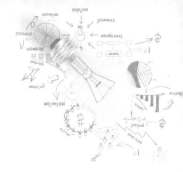

Chapter 5
정책설계와 사회적 구성주의

한 국가에서 중시되는 어떤 문제가 왜 다른 국가에서는 상대적으로 도외시되는 것일까? 일례로, 2014년 중국에서 마약밀수를 시도한 한국인 2명이 사형을 받았다. 이에 반해, 같은 해 우리나라에서는 한 가수가 마약밀수로 경찰수사를 받았지만 입건유예를 받았다. 입건유예란 혐의가 있으나 입건할 필요는 없을 때 내리는 결정이다. 이 둘은 유사하지만 한국과 중국이라는 국가의 '맥락'과 일반인과 인기가수라는 권력에 차이가 있는 '행위자'에 따라서 그 결과가 달라진 사례라고 하겠다. 왜 마약밀매로 인한 재판 결과가 중국에서는 사형이라는 극단적 결과로 나타났을까? 상대적으로 한국에서는 그처럼 강하게 처벌받지 않는 이유가 무엇일까? 우리는 이러한 차이를 어떻게 설명할 수 있을까?

앞서 1장을 통해 라스웰(1951)이 정책학(policy sciences)을 주창한 이유와 정책의 맥락, 연구 관점의 중요성 등을 이해할 수 있었다.[1] 정책은 정책분석 및 평가에 대한 과학적 접근과 함께 맥락적 요소인 사회문화적인 요인이 고려될 필요가 있다는 것이다.

사회적 구성이론(social constructionism)은 동일한 선상에서 정책의 사회문화적 맥락성을 고려하되, 정책설계(policy design)를 통해 "어떤 사람들에게는 제재를 가하는 반면 다른 사람들에게는 혜택을 주게 되는지, 어떤 정책들은 정책목표를 달성하지 못함에도 결정이 되고 정책화되는지" 등에 대하여 탐구하고자 한 이론이다.[2] 또한, 왜 어떤 이들은 부정적으로 구성된 집단의 일부일지라도 긍정적인 사회적 구성을 경험하거나 좋은 대우를 받고 어떤 일부는 그렇지 못하는지를 설명한 이론이다.

사회적 구성이론은 먼저 '정책의 장' 안에서 정책대상을 바라본다. 정책설계는 정책대상을 규명하고 그들에게 혜택과 제재를 부여한다는 점에서 장기적 효과를 지니게 되며, 정책대상은 혜택과 제재 외에 정책의 정당화 근거, 정책 목표, 정책대상과 문제정의의 논리적 관계에 대한 설명 등에 영향 받게 된다. 따라서 정책설계 과정에서 정책대상을 다루는 방식은 정부의 이미지에 영향을 주게 되며, 정치적 참여를 촉진시키거나 억제시킬 수도 있게 된다.[3] 정책대상의 범위를 정하는 과정은 그래서 매우 정치적 성격을 지니며, 정책결정자들은 정책대상의 범위 규정을 통해 자신의 정치적 기반을 구축할 수 있기에 사회적 구성에 민감해진다. 이러한 민감성으로 인해 자신의 정치적 기반을 강화할 수 있는 집단에 대해서는 더 좋은 이미지, 더 긍정적 이미지를 부여하려는 조작행위가 나타날 수 있다. 반대로 자신의 정치적 기반을 흔들 수 있는 집단은 부정적 이미지의 형태를 강화하려 할 것이다. 이렇게 다양한 집단을 때로는 긍정적으로 때로는 부정적으로 취급함으로써 정책설계의 토대가 되는 이미지를 조작하려는 것이다. 즉 다양한 대상집단을 각각 다르게 취급하는 방식이 일종의 조작행위가 된다.[4]

이에 슈나이더와 잉그램(Schneider & Ingram, 1993)은 정책연구가 기본적으로 사회적 구성(social construction)과 같은 가치 판단적인 요소를 고려해야 한다고 보았다. 요점적으로 설명하면, 사회적 구성주의 관점에서 정책을 이해하기 위해서는 사회가 중시하고 바라보는 근원적(center) 의미를 이해할 수 있어야 한다는 것이다. 사회현상에 대한 인간의 의미, 즉 해석은 사회적 실재를 형성하고, 행위자 간 공유된 이해에 기초해 규칙, 규범, 제도, 정책을 구현한다. 이것이 대상집단을 사회적으로 구성하는 논리적 명제이다. 이를 위한 기본적인 기준은 대상집단의 정치권력과 사회적 이미지이다. 즉 각 대상집단은 다양한 자원, 인력, 인맥 등의 정치권력을 가지고 있으며, 이들은 사회적 맥락 하에서 사회적으로 구성된 각기 다른 사회적 이미지를 가지고 있다. 정치권력은 자신들에게 유리한 정책을 형성하기 위한 도구가 되며, 사회적 이미지는 정책행위자들이 대상자들을 규제의 대상으로 구성할 것인지 지원해야 할 대상으로 구성할 것인지에 대한 척도가 된다.

결국 정책설계는 어떤 대상의 관점을 수용하여 어떤 편익을 제공할 것인가와 관련되어 있으며, 핵심 논점을 정하고 쟁점을 분리하고 정리하는 프레이밍(틀화, framing)의 과정이다. 제안된 정책은 사회의 일부분에 대한 가치, 목적 및 편익에 부합되게 구성된다는 점에서 정책이 형성되기 위해서는 사회전체가 수용할 수 있는 규범적인 성향을 지녀야 한다.

한편, 정책대상 집단은 누구를, 어떤 문제로, 무엇에 대해, 어떻게 할 것인가를 명료화한 것이다. 이들은 정책설계를 통해 새롭게 구성 및 규정되는 것이기에 이익집단이나 사회집단과는 다르다.[5] 대상집단은 정책의 직간접적인 대상이기에[6] 정책인과관계에서 정책입안자와 대상과의 관계는 명확하게 표현된다.

■ 사회적 맥락(Social Context)

일반적으로 사회현상이 특정 맥락 속에 내재되어 있으며 맥락 가운데 의미가 부여된다는 점에서 사회적 맥락(social context)의 개념은 중요하다. 사회현상에 존재하는 각각의 규범, 가치관, 관심 등의 맥락에서 행위자들은 살아가기 때문에 정책설계는 그들의 제도와 행위자 간 상호작용을 통해 나타난다.[7] 즉 사회적 맥락에 대해 이해할 수 있다면 정책이 설계된 목적과 대상집단, 그리고 정책이 형성된 특정 형태를 알 수 있다. 사회적 맥락은 사람들이 살고 있는 방식으로서 '신념, 인식, 이미지와 틀에 박힌 사고의 집합체'라고 할 수 있다.[8] 정책은 장기간에 걸쳐 이러한 사회적 맥락에 영향을 받으며 예전에 존재하는 문제의식에 준하여 정책을 수정하게 된다. 사회적 구성주의는 개인의 신념, 인식, 가치관 등 개인의 인식과 개인을 둘러싼 사회구조와의 상호작용에 초점을 맞춘다. 논리 실증주의적 인과론의 한계를 넘어서 상호 구성적 관계를 강조한 것이다.[9] 사회현상의 규칙성과 인과성의 분석은 객관적 실체의 발견이 아닌 사회적 실재(reality)의 의미와 해석을 위해 사용된다. 객관성보다는 주관성에 기초해 사회현상을 판단하고 사회는 바로 이 사회현상에 대한 인식에 따라 달라질 수 있다는 입장을 견지한다. 사회적 맥락은 사회현상의 발생 이유를 이해하는 데 핵심이 된다. 사회적 구성주의는 사회를 고정된 하나의 실체로서 존재하는 것이 아니라 개인들의 인식이 공유되었을 때 만들어지는 것으로서 파악한다. 또한, 개인은 기존 가치관과 사회의 맥락에서 자의적일 수 없으며, 오히려 사회제도나 신념으로부터 영향을 받는다고 본다.[10] 김명환(2005: 36)은 정책분석 과정에서 맥락의 중요성을 설명하면서, 정책에서의 효과성과 능률성은 정책의 정당화를 위한 근거의 합리성을 확보하기 위한 것일 뿐 맥락에 따라 다르게 적용될 수 있음도 제시하였다.

■ 사회적 구성과 대상집단의 분류

잉그램, 슈나이더와 딜레온(Ingram, Schneider & deLeon, 2007)은 정책결정의 공식적 권한이 있는 국회의원이나 정부관료가 가지는 정책 대상집단에 대한 인식이 정책내용을 결정짓는 중요한 요소라고 설명하였다. 그렇게 보면, 정책결정자는 정책대상을 자신의 관점에서 규정을 하고, 대상집단의 사회적 구성에 기초해 어떤 집단에게는 편익을, 다른 집단에게는 비용을 부과하는 정책결정을 내릴 것이다. 이 때 정책대상집단은 수혜와 제재로 규정된 개인집합으로 정의될 수 있으며, 정책은 대상자들로 하여금 예전과 다른 행동으로의 변화를 유도하게 된다. 정책대상집단은 스스로 선택한 것이 아니라 정책결정자들에 의해 틀지어진 결과이기 때문에,[11] 이해관계를 위해 스스로 선택한 이익집단과는 다르다.[12] 정책은 정책설계 시 설정한 가치, 이미지, 정부방향 등을 내포하고 있기 때문에 이에 반응하는 대상집단은 이를 수용하는 행동을 하게 될 것이다.[13]

정책결정자의 선택은 가치와 권력을 고려한 결과이므로 다분히 정치적이며, 정책대상과 관련된 자격요건을 정하는 것은 가치선택의 문제이기 때문에 규범적이다. 따라서 사회맥락을 고려치 않고 대상집단을 바라볼 경우 정책의 수혜와 제재의 이유를 이해하기 어렵다. 이런 점을 고려해 슈나이더와 잉그램(Schneider & Ingram, 1993)은 대상집단의 유형을 사회적 인식과 정치권력이라는 두 가지 차원을 기초로 4개 집단으로 구분하였다. 정치권력은 다른 집단과의 연합가능성, 자원동원능력, 구성원의 전문성으로 통해 결정되고, 사회적 구성은 대상집단에 대한 사회전체의 긍정적 혹은 부정적 인식으로 나타냈다.[14] 대상집단의 정치권력과 사회적 구성은 정책설계의 이론적 기준이 된다.

슈나이더와 잉그램(Schneider & Ingram, 1993)은 집단의 정치적 자원(권력)의 수준과 사회적 형성(이미지)이라는 두 차원의 4개 집단을 다음같이 나누었다<그림 5.1>. 수혜집단은 정치권력이 높고 (↑) 사회적 구성이 높은(↑) 집단을 의미한다. 주장집단은 정치권력은 높고(↑) 사회적 구성은 낮은(↓) 집단을 말한다. 의존집단은 정치권력은 낮고(↓) 사회적 구성은 높은(↑) 집단을 의미한다. 이탈집단은 정치권력은 낮고(↓) 사회적 구성이 낮은(↓) 집단을 말한다.

▼ 그림 5.1 정책대상집단의 유형

		사회적 구성	
		긍정 ────────────────→ 부정	
정치권력	강	[수혜집단] 소기업 주택보유자 군인 과학자	[주장집단] 대기업 기업가 노동조합 오염산업 급진적 환경주의자 총기 생산자

	↓	
		                    장애인
		어머니
		아이들
		빈곤층
		노숙자
			여성주의운동가
			게이/레즈비언
			모자가정 어머니
			              범죄자
			테러리스트

	약	[의존집단]	[이탈집단]

* 자료: Ingram, Schneider, & DeLeon(2007: 102)

정책 대상집단과 관련하여 정책을 고려하면 다음과 같다. 만일 정책결정자들이 사회적 구성이 타당한 집단에게 필요한 수혜를 제

공하는 경우 정당한 또는 정의로운 역할자로서 사회적 지지를 얻어
낼 수 있다. 반면 규제가 필요한 대상에게 적절한 조치가 취해지지
않을 경우 정치적 정당성을 잃게 될지도 모른다. 정치적 정당성을
확보하기 용이한 수혜집단 또는 일탈집단에 대한 정책설계는 상대
적으로 결정될 가능성이 높다.

실제로 슈나이더와 잉그램(1993)의 경험적 사례연구에서 사회적
구성이 높은 집단은 수혜의 대상이 되는 경우가 많았으며, 이때 고
도의 재량권과 함께 강력한 규정을 통한 특혜가 부여되었다. 사회
적 구성이 낮은 집단은 처벌적인 특성을 갖는 규제정책을 부여받았
음도 확인되었다.

정책은 사회적 구성이 높은 집단과 낮은 집단을 구별하고 있으
며, 집단의 긍정성과 부정성과 같은 사회적 구성이 집단의 정치권
력과 맞물려 정책화 가능성을 변화시킨다고, 슈나이더와 잉그램
(1993)은 강조하였다. 이러한 관점에서 볼 때, 정책은 기본적으로 어
떤 특성을 지닌 집단을 대상으로 하고 있으며, 어떤 집단과 지속적
인 상호작용을 하는가가 정책결정에 중요변인이 된다.

■ 정책설계와 정책결정의 토대로서 사회적 구성

지금까지 살펴본 사회적 구성주의 관점에서 정책결정자들은 대상
집단의 정치권력과 사회적 구성이라는 척도를 통해 정책대상을 확
인하며, 정책의 편익과 비용을 차별적으로 배분한다. 사회적 구성이
어떠한가가 바로 정책방향의 지침이 된다. 더하여, 사회 및 경제 환
경의 변화는 대상집단에 대한 사회적 구성을 변화시킬 수 있다. 이
러한 사회적 구성의 변화는 또다시 정책을 변화시킬 수 있다. 이처
럼 정책대상의 사회적 구성이 정책설계의 성격을 결정하기에, 어떠
한 정책을 이해하기 위해서는 그것이 담고 있는 의미와 맥락에 대

한 해석에 초점을 맞출 필요가 있다.[15]

정책대상에 대한 사회적 구성은 가변적이며, 사회적 구성을 포함하는 정책설계는 정책변동의 핵심이 된다. 기존 정책이 수정되거나 새로운 정책이 만들어지면서 대상을 구체화하고 그들의 권력과 자격을 형성하는 과정은 역동적이며, 대상집단의 사회적 구성은 고정되어 있는 것이 아니라 계속적으로 변화한다.[16]

한편, 정책수단은 정책대상의 변화를 유도하기 위해 고안된 정책결정자와 정부의 도구이다. 정책수단을 어떻게 선택하는지에 따라 정책대상자의 행태가 달라진다는 점에서 정책수단은 정책설계의 또 다른 특성이 된다. 결국 여러 수단 중에서 어떤 정책수단을 선정한다는 것은 정책대상의 참여 유형이나 정책대상이 정책에 어떻게 반응할 것인지에 대한 판단을 통해 이루어질 것이다. 정책수단의 종류로 슈나이더와 잉그램(1990: 94-95)은 권위(authority), 인센티브(incentive), 능력배양(capacity), 상징과 장려(symbolic and hortatory) 및 학습(learning)으로 제시하였다.

정책대상의 사회적 구성은 정부가 정부이슈를 해결하기 위해 어떤 정책을 가지고 무엇을 할 것인지, 정책으로 인한 수혜대상이 정당한지 그렇지 않은지, 현대 민주주의 사회에서 어떻게 행동하고 생활하는 것이 적합한지에 관한 메시지를 제시할 수 있다.[17] 긍정적으로는 현대 민주주의 사회가 바라는 모습과 사회적 규범 등을 제시함으로써 정책목표의 설정, 정책대안의 타당성에 토대가 되어줄 수 있다.

심화학습

　최근 사회적 구성주의 이론가들 간에는 다원주의에 바탕을 둔 이익집단이론(interest group theory)과 정책이 관계에 어떤 영향을 미치는지에 대한 제도분석(institutional analysis)을 결합해보려는 시도가 있다. 이러한 시도로써 이들이 '정책이 정치에 영향을 미친다'는 주장을 펼치고자 함을 기억할 필요가 있다. 또한, 사회적 구성주의가 저널리즘, 문화정책 등을 설명하는 이론으로 설명력이 부각된다. 대중적 관심과 문화적 맥락은 사회적 실재(social reality)를 중요한 요소로 다루기 때문이다. 또한, 강력범죄에 대한 사회적 인식 변화가 대중매체의 프레이밍에 따라 어떻게 변화하는지 등에 관심을 두고 '프레이밍'(framing) 이론과의 관련성에 대해서도 생각해볼 만하다. 특히 한국의 지역 맥락에서 연구가 다루어져야 하며, 한국정책집단의 특성이[18] 어떠한지에 대해서도 지속적으로 관심을 가져야 할 것이다.

주석

1. Lasswell, 1971.
2. 서인석, 2013.
3. 서인석, 2013.
4. Schneider, Ingram, & DeLeon, 2007: 93−94.
5. Schneider & Ingram, 1993; 김명환, 2005: 38.
6. Schneider & Ingram, 1993.
7. 김명환, 2005: 43.
8. Schneider & Ingram, 1997: 73.
9. 김선혁, 2004: 269−270.
10. Scott, 2001.
11. Ingram & Schneider, 1993: 338−339.
12. Schneider & Ingram, 1993.
13. Ingram, Schneider, & DeLeon, 2007.
14. Schneider & Ingram, 1993; Ingram, Schneider, & DeLeon, 2007.
15. 김명환, 2005: 43.
16. Schneider & Ingram, 1993; Ingram, Schneider, & DeLeon, 2007.
17. Schneider & Ingram, 1993: 334.
18. 서인석, 2015.

Chapter 6

정책목표와 정책분석

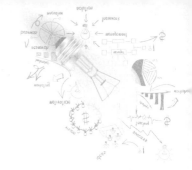

Chapter 6

정책목표와 정책분석

현대사회에서 어떠한 정책문제가 발생한다면, 정부는 이를 해결할 수 있는 최적의 정책을 모색하여 주어진 문제를 적극적으로 해결코자 할 것이다. 이럴 경우, 정책을 결정하기 이전에 보다 합리적이고 과학적인 방법으로 정책대안을 분석해보는 과정이 요구된다. 그리하여 정책분석을 실시한 다음 정책을 결정하였다면, 우리는 이를 합리적 정책결정(rational policy making) 또는 분석적 정책결정(analytic policy making)을 하였다고 말할 수 있다.[1]

합리적 정책결정은 합리적 정책분석을 필요로 한다.[2] 달리 말하면, 정책분석은 정책목표를 달성할 수 있는 가장 바람직한 정책대안(policy alternatives)을 선택하기 위해 시행하는 것이라고 하겠다.[3] 또한 라스웰 정책학의 학문적 지향성을 추구하여 볼 때 정책분석은 분석과정을 통해 최선의 정책대안을 모색하되 궁극적으로 정책학이 추구하는 인간의 존엄성을 지향한다는 목적을 지닌다고도 할 수 있다. 그렇다면, 정책분석의 목적을 달성하는 데 있어 정책분석

이 어떠한 기준을 세우고 실행될 것인가가 무엇보다 중요해질 것
이다. 이에 많이 인용되는 정책분석의 기준은 학자별로 다음과
같다.

던(William N. Dunn)은 소망성(desirability) 차원과 실현가능성
(feasibility) 차원으로 그 기준을 크게 나눈 후에, 소망성 차원에서
는 효과성(effectiveness), 능률성(efficiency), 형평성(equity), 대응성
(responsiveness), 적합성(appropriateness), 적정성(adequacy)을 하위
기준으로, 실현가능성 차원에서는 '정치적, 경제적, 사회적, 행정적,
법적, 기술적 실현가능성'을 하위 기준으로 제시하였다.[4] 정책분석의
포괄적 기준으로서 던의 기준은 지금까지 가장 많이 인용되는 기준
이다.

슈만(Schuman)은 수행되는 활동의 양과 질을 분석하는 노력평가
(evaluation of effort), 노력의 결과에 대한 성과 및 효과 평가
(evaluation of performance or effects), 문제해결의 적정성 평가
(evaluation of adequacy of performance), 노력 대비 성과에 대한 비
율로서 능률성평가(evaluation of efficiency), 정책이 어떻게 그리고
왜 그런 성과를 내었는지에 대한 과정평가(evaluation of process) 등
으로 나누었다.

나카무라와 스몰우드(Nakamura and Smallwood)는 목표 달성도,
능률성, 주민만족도, 정책수혜집단에 대한 대응도, 기관형성(제도의
안정성과 계속성) 등을 정책분석의 기준으로 삼았다.

한편, 정책분석의 기준에 대한 앞선 선행연구들을 검토한 후 권
기헌 교수는 이러한 기준들이 최근의 정책환경에 얼마나 부합되고
있는지 의문을 제시하였다. 그리고 던의 기준을 중심으로 소망성을
실체적 소망성, 절차적 소망성으로 다시 나누어 실체적 소망성을
강조한 던의 기준과 다르게 절차적 소망성까지 기준을 확장시킬 필

▶ 표 6.1 정책분석의 기준

기준	세부기준 (W. Dunn)	수정 I		수정II (권기헌)	
소망성	적합성 적정성 형평성 대응성 효과성 능률성	실체적 소망성	적합성 적정성 형평성 대응성	성찰성	인권 정의 신뢰 성숙
			효과성 능률성	생산성	효과성 능률성
	–	절차적 소망성	참여성 숙의성 합의성	민주성	민주 투명
실현 가능성	정치적 경제적 사회적 행정적 법 적 기술적	정치적 경제적 사회적 행정적 법 적 기술적	정치적 경제적 사회적 행정적 법 적 기술적	정치적 경제적 사회적 행정적 법 적 기술적	정치적 경제적 사회적 행정적 법 적 기술적

* 자료: 권기헌(2007: 185; 2014: 253) 일부수정

요가 있음을 강조하였다. 그리고 절차적 소망성에는 참여성, 숙의성, 합의성이 하위 기준으로 포함될 것을 주장하였다. 그리고 이를 다시 성찰성(reflexivity)·생산성(productivity)·민주성(democracy)이라는 3가지 차원으로 제시하여, 인간 존엄성 향상이라는 라스웰 정책학의 실현에 정책분석 기준이 부합되도록 수정하였다. 성찰성은 인권·정의·존엄·신뢰·성숙을, 생산성에서는 효과성·능률성을, 민주성에서는 민주·투명을 그 내용으로 제시하였다.[5]

■ 정책분석의 과정

이처럼 정책분석은 그 목적과 기준에 따라 분석과정을 진행하게

되는데, 일반적으로 그 과정은 1) 정책문제를 파악하고, 2) 이루고자 하는 정책목표를 세우며, 3) 이를 위해 다양한 정책대안을 탐색·개발·설계하고, 4) 정책대안의 결과로서 미래를 예측하고, 5) 정책대안들을 비교·평가하는 단계를 거치게 된다.

정책분석을 위해 가장 먼저 정책문제를 파악한다는 것은 문제의 본질과 쟁점을 정확하게 규명해낸다는 것이다. 따라서 정책문제를 어떻게 바라보고 정의할 것인가는 매우 중요한 과제인데, 다만 여기에는 학자 간에 다양한 관점만큼 다양한 논의가 펼쳐지고 있어 하나의 방법을 제시하기가 쉽진 않다. 그렇다 하더라도, 정책문제가 무엇인지에 대한 정의는 정책분석 전반뿐만 아니라 이후 정책결정과 집행 그리고 정책평가까지 영향을 주기에 정책문제를 명확하게 기술한다는 것은 매우 중요하다. 만약 정책문제를 잘못 정의하였다면 이는 정책분석의 근본적 오류로서 메타오류로 제시될 것인데, '메타오류'가 정책문제를 잘못 인지하여 효과 없는 정책을 집행함으로써 이후에도 정책문제가 해결되지 않고 그대로 남아있음을 뜻하기 때문이다.[6]

우리는 정책문제를 정의할 때 이것이 여러 요소들이 복합적으로 합쳐진 문제이고, 사람들마다의 주관적 판단에 의해 다양하게 정의될 수 있으며, 여러 집단들이 상호작용하는 정치적 과정 중에 나타나거나, 정책분석가의 주관적 해석이나 인공적으로 구축된 현실일 수 있음을 인지할 필요가 있다. 따라서 보다 합리적으로 정책문제를 분석할 때에는 여러 구성요소에 대한 개괄적 예비분석을 먼저 시도하고 이를 통해 여과된 문제에 대해 본 분석을 시도하는 것이 바람직할 것이다. 이에 허범 교수(1982: 275-291)는 정책학의 근본이념에 따라 1) 인간 존엄성의 실현 2) 근본적 문제의 추구 3) 사회경제적 약자에 대한 우선 배려라는 관점에서 규범성과 당위성을

가질 때 바람직한 정책문제 정의가 내려질 수 있다고 제시한 바있다.[7]

정책문제를 파악한 후에는 미래의 바람직한 상태로서 정책목표를 설정하게 된다. 이 때 정책목표는 타당한 목표로 설정되어야 할 것이다. 그렇다면 타당한 정책목표는 어떻게 제시될 수 있을까? 정책목표가 시대적으로 그리고 가치적으로 적합하게 제시될 수 있어야 할 것이다. 또한 정책목표를 달성하는 데 시간이나 정도가 적절성을 지닐 수 있어야 할 것이다. 추상적이기보다는 구체적이고 실현가능성이 있을 때 정책목표가 보다 타당성을 지녔다고 말할 수 있을 것이다. 그리하여 정책의 최상위 가치로서 인간의 존엄성을 실현 가능할 때 그러한 정책목표는 바람직한 정책목표로 보다 나은 정책대안을 모색할 수 있게 될 것이다.

주어진 정책문제 하에서 정책목표를 설정한 후 우리는 정책대안 (policy alternatives)을 탐색·개발·설계하게 된다. 탐색·개발 단계에서는 먼저 광범위한 정책대안을 식별해내는 것이 중요하다. 이러할때 대안탐색 방법은 크게 창조적 방법과 점증주의 방법으로 구분하기도 한다. 창조적인 방법으로는 브레인스토밍이나 전문가 패널, 시나리오기법 등을 활용하기도 하지만 점증주의 방법으로 과거 사례나 다른 정부의 정책을 벤치마킹하기도 한다.

이때 정책대안에 따라 미래를 예측하는 것 역시 매우 중요한 분석과정으로 포함된다. 정책대안의 미래예측 결과에 따라 정책대안을 비교·평가할 때 결과가 바뀔 수 있기 때문이다. 정책대안에 따라 예측하게 되는 미래는 크게 세 가지 형태로 구분된다.[8] 먼저, 발생가능한 모든 미래 상태로서 가능한 미래(possible future) 혹은 잠재적 미래(potential future)이다. 이는 개연적 미래로부터 규범적 미래까지 모두를 포괄하는 개념이다. 다음으로 개연적 미래(plausible future)는 현재의 상황에서 새로운 정책이 개입되지 않았을 경우 발생될 가능성이 높은 미래다. 개연적 미래는 문제 상황이 해결되지 않아 정책문제가 발생될 개연성이 높은 상태로 볼 수 있다. 반면 규범적 미래(normative future)는 소망가치가 실현된, 바람직하고 이상적인 미래를 뜻한다. 결국 정책분석에서 미래예측을 한다는 것은 미래의 불확실성을 해소하고 정책대안들마다의 미래를 비교·평가하기 위한 것이라고 하겠다.

▼ 그림 6.1   정책과 정책문제

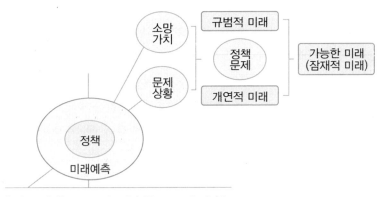

* 자료: 허범(1988: 125), 권기헌(2014: 70) 재인용

　마지막으로 정책대안의 비교·평가는 정책목표를 달성할 수 있는 최선의 바람직한 정책대안을 선택하기 위해 행해진다. 최선의 정책대안을 판단하기 위해서 비교·평가의 기준을 먼저 마련해야 하는데, 여기에는 선행연구의 검토로부터 환경변화 등을 검토하여 분석에 활용할 기준들을 논의하게 된다. 특히 앞서 살펴보았던 정책분석 기준들이 분석목적에 따라 활용되기도 한다.
　결론적으로 정책분석은 바람직한 정책결정을 위한 정보의 창출과

분석이라 하겠다.[9] 분석결과에 따라 정책분석가는 정책문제를 해결하기 위한 정책대안을 제시하게 된다. 따라서 정책분석가는 우리의 미래를 위하여 정책분석이 얼마나 중요한지 깨달을 필요가 있으며, 정책분석 방법과 결과의 활용방안을 증대시키기 위해 분석과정에서 더욱 노력을 해야 할 것이다.

 심화학습

정책분석 과정에서는 양적 분석에서부터 질적 분석까지 다양한 기법(methodology)이 활용되고 있다. 분석과정에서 필요한 연구방법론을 다각적으로 활용함으로써 정책분석이 보다 과학적이고 합리적으로 이뤄질 수 있도록 하기 위해서다. 다른 사회과학에서와 같이 정책학에서 활용되는 다양한 방법론은 크게 질적 분석과 양적 분석으로 나눠진다.

정책분석에서 대표적으로 사용되는 질적 방법론으로는 정책델파이기법, 시나리오기법, Q-방법론, AHP기법, 민감도분석, 근거이론분석, 사회네트워크분석(SNA), 시스템 다이내믹스 등이 제시될 수 있다. 또한 회의록 등에 대한 내용분석, 적실성 높은 사례연구, 벤치마킹 등이 포함된다면 분석결과를 더욱 견고하게 해줄 것이다.

양적 방법론은 인터넷과 컴퓨터 환경의 발전에 따라 각종 소프트웨어를 활용함으로써 다양한 분석이 가능해졌다. 정책분석에 활용되는 양적 방법론은 매우 다양한데, 기초통계분석으로서 상관관계분석, 신뢰도분석, 회귀분석 등을 비롯해 요인분석, 구조방정식분석(SEM), Logit·Probit모형, Tobit·Heckman Selection 모형, Poisson 모형, DEA 및 Post-DEA, 메타분석, 패널분석, MLM(혹은 HLM) 분석과 함께 성장모형(Growth Model), 생존분석(Survival/Hazard Analysis) 등이 활용되고 있다.

주석

1. 정정길 등, 2011: 327.
2. 합리적 정책분석에 관해서는 권기헌(2010a: 5)에 제시된 다음 같은 설명에 유념하여 공부할 필요가 있다. "정책은 합리성과 효율성의 산물이면서, 동시에 정치성과 권력성의 산물이기도 하다. 따라서 정책학은 본래 합리성과 정치성의 양면적인 성격을 띠고 있다 (중략) 따라서 정책분석론 역시 합리적인 정책수단에 대한 분석능력 제고라는 본래 목적에 더하여 정책문제를 합리적으로 해결하기 위한 민주적 가치와 절차적 타당성이라는 측면을 분석하는 비중이 과소평가되어서는 안 될 것이다."
3. 권기헌, 2010b: 181.
4. 효과성은 목표의 달성정도(목표달성도), 능률성은 결과 달성을 위한 비용과 노력의 정도(비용 편익분석), 형평성은 비용이나 편익이 집단 간에 얼마나 고르게 배분되는가에 대한 판단기준(파레토 혹은 롤스의 기준), 대응성은 정책집단의 욕구·선호·가치의 만족도 정도, 적합성은 정책에 내포된 가치성의 정도 내지는 바람직한 규범성에 대한 판단기준, 적정성은 문제해결의 시기적 적시성과 강도의 적절성 등으로 간략히 설명될 수 있다(권기헌, 2010a: 44–47).
5. 권기헌, 2010a: 54–58; 권기헌, 2010b: 241–244.
6. 메타오류 외에 또 다른 정책분석오류로는 정책문제의 구성은 올바로 되었으나 주어진 목표를 효과적으로 달성할 대안의 탐색·개발이 잘못된 경우를 들 수가 있다(노화준, 2010: 63).
7. 권기헌, 2010: 63–92; 노화준, 2010: 47–83.
8. 권기헌, 2010a: 138–139.
9. 권기헌, 2010a: 234.

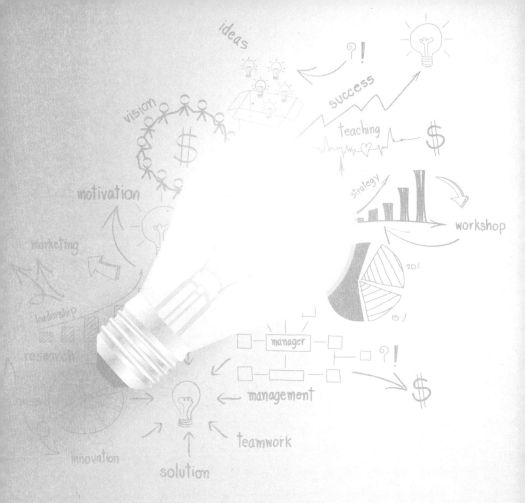

Chapter 7

합리성과 정책결정모형

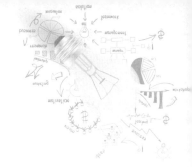

합리성과 정책결정모형

우리는 얼마나 합리적일까? 과학이 발전하고 다양한 분석이 가능하게 되면서 우리는 정말 지극히 합리적으로 의사결정을 할 수 있게 된 것일까? 그렇다면 지역이나 국가 혹은 세계적으로 영향을 미치는 정책들은 얼마나 합리적으로 결정되고 있을까? 정책결정에 있어서 합리성(rationality)은 어떻게 구분되고 정의될 수 있으며, 궁극적으로 합리성은 어떻게 실현될 수 있을까?

사회과학 분야에서 합리성에 대한 논의는 다양하게 전개되고 있는데, 행정학에서는 사이먼(Herbert A. Simon)의 설명이 가장 많이 인용되고 있다.[1] 그는 합리성을 내용적 합리성(substantive rationality)과 절차적 합리성(procedural rationality)으로 구분하여 살펴보는 것에 실익이 있다고 했다. 앞 챕터에서 살펴본 것처럼 어떠한 목표가 주어졌을 때 주어진 조건과 제약 하에서 이를 달성할 수 있는 최적화된 행동을 하는 경우, 이를 내용적 합리성이라 한다. 이처럼 내용적 합리성은 목표에 비추어 결정되는 개념이다. 그러나 합리성을 구현하는 데 있어 현실적 제약과 인간의 능력에 한계가 있기에 절차적 합리성을 구분하여 제시할 필요성이 발생된다. 절차적 합리성이란 인간의 한계와 현실적 제한 하에서 이성적 추론을 통한 선택 과정이 얼마만큼 효과적이었는가를 의미한다. 절차적 합리성은 선택의 결과보다 과정을 중시한 개념이다. 합리성에 관한 다양한 논의 가운데 여러 학자들은 다음과 같이 정책결정모형을 제시해왔다.

■ 정책결정자(개인)의 합리성과 정책결정모형

정책결정에 있어서 합리모형(rational model)은 정책결정자가 이성과 합리성에 입각하여 정책을 결정한다고 가정하는 이론으로, 정책결정에 관한 논의 가운데 준거기준으로 작용한다. 정책결정자는 정책으로 추구하려는 목표와 가치를 명확히 정의하고, 선택된 목표를 이루기 위한 모든 대안을 탐색하며, 그 가운데 기준에 부합하는 최적의 대안을 선택할 수 있어야 한다. 이는 경제학적 맥락에서의 합리성이 부여될 수 있어야 실현 가능하다. 따라서 현실적이라기보다 규범적이며 이상적인 모형이라고 하겠다. 이에 현상을 실증적으로 설명하고자 한 학자들에게 많은 비판을 받아왔다.[2]

합리모형의 비현실성을 극복하고자 마치와 사이먼(March and Simon)은 인간의 제한된 합리성(bounded rationality)에 기초한 만족모형(satisficing model)을 제시하였다. 인간의 인지능력과 시간이나 비용 등 자원의 한계를 직시한 것이다. 합리모형에서 말하는 최적 수준의 대안보다 만족할 만한(satisfying + sufficing) 대안을 선택하는 것으로 정책결정의 과정을 바라보았다. 그래서 합리모형에서 정책결정자를 경제인(economic man)으로 제시한다면, 만족모형에서는 행정인(administrative man)으로 본다. 행정인은 모든 대안을 탐색할 수 없기에 소수의 대안만을 무작위적이고 순차적으로 탐색하며, 만족하기에 충분한 대안이 떠오르면 그 대안을 선택함으로써 결정을 해낸다. 결정자의 주관적 만족이 정책결정의 중요한 기준이 된다. 만족모형은 합리모형의 약점을 체계적으로 지적한 이론으로서 기술적인 설명력에 평가를 받는다. 다만, 정책결정자가 책임을 회피하는 데 이론적 토대를 마련해준다는 점에서 실천적·처방적·규범적 의사결정 기준으로 바람직하지 않다는 약점을 지닌다. 또한 대안에 대한 주관적 만족 수준을 측정하기가 쉽지 않다.[3]

린드블롬(Lindblom), 윌다브스키(Wildavsky) 등이 주장한 점증주의 모형(incrementalism)은 현실적으로 정책대안을 기존의 정책이 점진적으로 개선되어가는 것으로 이해해야 하며, 그렇게 개선해 나가는 것이 실제적으로도 바람직하다고 설명하는 이론이다. 정책결정자의 분석능력뿐만 아니라 정보도 제약되어 있고 대안비교의 기준마저 불분명한 상황에서, 부분적인 변화를 도모함으로써 현재의 문제를 개선하는 데 중점을 둘 수 있으며, 이후 정보를 분석하여 잘못된 부분이 있으면 수정하고 보완하는 방법으로 정책을 결정하는 것이 바람직하다고 보았다. 이에 점증주의모형은 사회적 합리성에 바탕을 둔다. 좋은 정책은 여러 분석가들의 합의를 통해 도달할 수 있는 정책이라고 본다. 이러한 점증주의는 합리모형의 대안이 되는 모형으로 평가되며 예산정책결정 등에서 유용한 모형으로 제시되나, 소폭의 변화를 어느 정도까지로 볼 것인지, 실제로 정책이 점증적으로 결정되는지에 대하여는 답변하기 힘든 약점을 지닌다. 또한 처방적·규범적 모형으로서 의사결정비용이 적게 들고 불확실성을 줄이는 데에는 유용하지만, 기득권자의 반혁신적 보수주의에 유리한 논거를 제공한다는 약점을 갖는다.[4]

혼합탐사모형(mixed-scanning model)은 합리모형과 점증주의모형의 장점을 합쳐놓은 모형이다. 에치오니(A. Etzioni)는 먼저 정책결정

을 근본적인(fundamental) 결정과 세부적인(detailed) 결정으로 구분
하였다. 그리고 근본적인 결정은 범사회적인 지도체계(societal guid-
ance system)에 의해 중요한 대안들을 모두 포괄적으로 고려하여 개
괄적으로 예측하는 합리모형의 형태로 제시하였다. 반면 세부적인
결정은 근본적 결정에서 모색된 맥락 안에서 소수의 대안을 점증적
이고 깊이 있게 검토하는 점증주의모형 형태로 제시하였다. 그리고
이렇게 구분된 정책결정으로써 보다 신축적인 정책결정이 이뤄질
수 있음을 설명하였다. 다만 혼합탐사모형은 기존 모형들의 변형에
불과하다는 약점이 있다.[5]

드로어(Y. Dror) 역시 합리모형의 비현실성과 점증주의의 보수적
측면을 극복하기 위해 최적모형(optimal model)을 제시하였다. 최적
모형은 사회 전반의 입장에서 정책과정이 어떻게 합리적으로 운영
되어 최적화된 결과(optimization)가 나타나도록 할 것인지에 관심을
둔 모형이다. 드로어는 정책결정의 체계에 관심을 가졌다. 정책결정
을 크게 세 단계(stage)로 구분하고 이를 다시 18국면(phase)으로 나
눴다. 1) 초정책결정단계(meta-policymaking stage)는 정책결정체계
를 어떻게 설계할 것인가에 관한 단계로서, 총 7개 국면(가치처리 -
현실처리 - 문제처리 - 자원의 조사·처리·개발 - 정책결정체계 설계·평가·
재설계 - 문제·가치·자원의 배분 - 정책결정 전략 결정)으로 구성된다. 2)
정책결정단계(policymaking stage)도 총 7개 국면(자원 재배정 - 목표의
우선순위 결정 - 가치의 우선순위 결정 - 정책대안 마련 - 대안들의 편익·비
용 예측 - 편익·비용 비교분석 - 최적대안의 편익·비용 분석 및 대안이 좋
은 것인지 결정)을 갖는다. 3) 정책결정 이후 단계(post-policymaking
stage)는 총 4개의 국면(정책집행의 동기부여 - 정책집행 - 집행 후 정책
평가 - 커뮤니케이션 및 환류)으로 구성된다. 드로어는 이러한 단계를
통해 최적화를 이루기 위해서는 개인의 합리성뿐만 아니라 정책결

정자의 직관(intuition)이나 영감(inspiration) 등과 같은 초합리성(extra-rationality)이 중요하다고 보았다. 최적모형을 통해 드로어는 정책결정에서 경제적 합리성과 정책결정자의 초합리성이 창조적으로 결합되는 것을 중요하게 생각했다. 최적모형은 정책결정에서 초합리성을 강조하였다는 점과 정책결정 이후의 단계를 포함시켰다는 점에서 평가할 만하다. 다만 초합리성을 너무 강조했다는 측면과 최적화라는 의미가 모호하다는 것이 약점이다.[6]

■ 조직(집단)차원의 합리성과 정책결정모형

합리모형이 비합리적이라고 본 사이몬(H. Simon)은, 인간은 본질적으로 합리성이 제약되어 있으며 의사결정은 그러한 인간들로 구성된 조직 내부의 분업화된 계층적 구조에서 나타난다고 생각했다. 이에 마치와 함께 사이몬(March and Simon)은 1958년 「조직」(Organizations)이라는 저서를 내놓았다. 이들은 조직이 보다 합리적으로 의사결정을 하기 위해 분업이나 계층제와 같은 구조와 기능을 갖는 것이 당연하다는 입장을 견지하며, 조직모형의 특성을 다음과 같이 분석하였다.[7] 조직은 1) 최적화보다는 만족할 만한 수준을 추구하고 2) 탐색적이고 순차적으로 대안을 찾으며 3) 선별된 프로그램(action program)들을 목록(repertory)으로 개발하여 계속 이용하되 4) 하나하나의 프로그램을 느슨히 연계하여 준독립적으로 활용한다. 여기에서 프로그램은 조직에 가해지는 반복적 자극(stimulus)에 대한 상례적인 반응이라고 설명할 수 있다. 다만 어떤 새로운 자극에 기존의 프로그램들이 만족스러운 대안을 제시하지 못할 경우 탐색(search)이라는 활동을 통해 새로운 대안을 찾아낸다. 탐색은 무작위적이면서 순차적이다. 그 결과로서 새로운 대안을 제시하는 것을 발안(initiation)이라고 하고, 그러한 새로운 대안을 고안하고 평가하여 채택하는 것을 혁신(innovation)이라고 제시하였다. 문제해결식의 이러한 의사결정을 통해 채택된 대안은 다시 하나의 프로그램이 되어, 상례화된 의사결정 혹은 프로그램 목록에 포함되고 조직의 의사결정에 활용된다. 결과적으로 조직 내에서 대부분의 행동은 이러한 업무수행 프로그램(performance program)에 의해 나타난다. 개인들 간의 선호(preference)와 목표 차이로 인해 조직 내에서의 갈등이 발생될 수가 있겠지만, 문제해결이나 설득과 같은 분석적 (analytic) 방법 혹은 흥정(bargaining)과 같은 방법을 통해 이는 해결될 수 있을 것이다.

이들보다 조직의 집단적 측면을 더욱 강조한 것이 사이어트와 마치(Cyert and March)의 회사모형이다.[8] 합리모형의 경우 이윤을 극대화하는 것을 기업의 목표라고 본다면, 회사모형은 이윤 이외에도 다양한 목표를 가질 수 있음을 지적했다. 합리모형이 완전한 정보를 통해 최적의 대안을 모색한다면, 회사모형은 제한된 합리성을 바탕으로 만족할 만한 수준에서의 대안을 추구한다. 회사모형의 특징은 크게 5가지로 구분하여 설명할 수 있다. 1) 갈등의 준해결 (quasi-resolution of conflict)이란 개념이다. 회사모형은 조직을 서로 목표가 다른 구성원들 간의 연합체(coalition)로 본다. 따라서 조직의 목표는 구성원 간의 흥정을 통해 등장하게 되는데, 그 수준은 상호 간에 나쁘지 않을 만큼의 수준으로 타결되는 경향을 갖게 됨으로써 어느 쪽도 만족할 수준은 아닌 '갈등의 준해결 상태'에 머무르게 된다는 것이다. 2) 불확실성을 회피한다. 외부환경이 복잡하고 가변적이며 매우 불확실하므로, 단기적 대응책을 강조하거나 환경을 통제할 수 있는 방법을 모색하여 불확실성을 최대한 회피하려고 한다. 3) '문제 중심의 탐색'이 이루어진다. 조직의 목표달성이 만족스럽지 못할 경우 그러한 문제를 해결하려는 탐색활동이 일어나거나,

문제와 인과관계를 갖는 원인을 탐색하여 그러한 원인들을 제거하거나 조정하려고 한다. 4) 반복되는 과정에서 조직은 '학습'하게 된다. 이에 의사결정은 보다 세련되고 목표달성도는 더욱 높아진다. 5) '표준운영절차'(SOP: standard operating procedures)가 활용된다. 과업수행규칙이나 기록과 보고서, 정보처리 및 기획에 관한 규칙 등이 가장 효율적이라고 생각되는 수준으로 마련된다. 조직모형과 회사모형은 사이먼이 중심이 된 카네기(Carnegie) 학파의 의사결정모형으로서 관료조직의 합리성 차원에서 의사결정에 대한 연구에 적극 활용되고도 있다.

이에 반해 조직의 구성단위나 구성원 간의 응집성이 아주 약한 '조직화된 무정부상태'(organized anarchies)에서 이뤄지는 정책결정의 특징을 강조한 모형이 쓰레기통(garbage can) 모형이다.[9] 이는 코헨(Cohen)·마치(March)·올슨(Olsen)이 주장한 모형으로, 쓰레기통에서와 같이 혼란한 상태에서 나타나는 의사결정의 불합리성을 강조한 것이다. 여기에서 조직화된 무정부상태란 상하관계가 불분명한 대학조직이나 다당제 하의 의회조직과 같은 곳으로, 참여자가 어떤 선호를 갖는지 불분명한 문제성 있는 선호(problematic preferences)를 지니며, 시간적 제약 등으로 인하여 참여자가 유동적(part-time participants)이며, 지식과 기술의 한계로써 목표와 수단 사이의 인과관계가 불명확(unclear technology)하게 나타난다. 이러한 상황에서 의사결정에 필요한 네 가지 요소, '문제'의 흐름과 '해결책'의 흐름과 '선택기회'의 흐름과 '참여자'의 흐름이 각각 독자적으로 흐르다가 극적인 사건과 같은 어떠한 점화계기(triggering event)로 인해 요소들이 함께 만날 때 정책결정이 이뤄진다고 본다.

사이버네틱스모형도 집단적 차원에서의 합리성을 도모한 모형이다. 이는 제한된 합리성 하에서 광범위하고 복잡한 정보탐색에 의한 것보다는 표준운영절차(SOP)나 규칙에 따라 처리한다고 보는 적응적·관습적 의사결정모형이다. 목적이 불분명하고 적응적인 의사결정에 대해 설명력이 높으며, 단순화에 의하여 불확실성을 통제하고 도구적 학습이나 시행착오적 학습에 의존한다는 특징을 갖는다.

한편 엘리슨(G. Allison)은 집단적 정책결정모형들을 종합 비교하여 새로운 모형체계로 설명하였는데, 이는 다음 챕터에서 중점적으로 다루었다.

주석

1. 김영평, 1995: 13 – 14; 정정길 등, 2011: 441 – 442; 남궁근, 2005: 407.
   Simon 외에 Max Weber는 형식적·내용적 합리성으로, Mannheim은
   기능적·실질적 합리성으로, Diesing은 기술적·경제적·정치적·사회적·
   법률적 합리성으로 분류한 바 있다.
2. 권기헌, 2014: 168 – 169.
3. 정정길 등, 2011: 445; 권기헌, 2014: 170.
4. 권기헌, 2014: 171 – 173; 정정길 등, 2011: 464 – 473.
5. 권기헌, 2014: 173 – 175.
6. 권기헌, 2014: 175 – 179.
7. 정정길 등, 2011: 477 – 481.
8. 정정길 등, 2011: 482 – 489.
9. 정정길 등, 2011: 489 – 495; 권기헌, 2014: 179 – 183.

Chapter 8

엘리슨(Allison) 모형

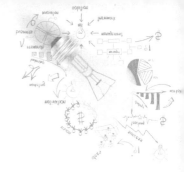

Chapter 8
엘리슨(Allison) 모형

노스캐롤라이나(North Carolina) 샤를로트(Charlotte)에서 태어난 엘리슨(Graham T. Allison)은 하버드(Harvard)에서 역사학 학사를 받은 뒤 영국 옥스퍼드(Oxford)에서 정치학과 경제학을 공부한 후 다시 하버드에서 정치학 박사학위를 받은 모범적인 학도였다. 그는 레이건 대통령 시절 국방부 참모를, 클린턴 대통령 시절에 국방부 정책 및 계획담당 차관보를 역임하기도 했다. 엘리슨은 1977년부터 1989년까지 하버드 대학교 케네디 스쿨(John F. Kennedy School of Government)에서 대학원장을 역임하였는데, 특히 국방 분야의 전문가로서 「핵 무질서의 회피」(Avoiding Nuclear Anarch), 「미국의 아킬레스건」(America's Achilles Heel) 등 여러 저서들을 발간하였다.[1]

그의 여러 저서들 가운데 쿠바의 미사일 위기 설명(Explaining the Cuban Missile Crisis)이란 부제를 단 「의사결정의 진수」(Essence of Decision)는 가장 많이 읽히고 인용이 된 베스트셀러이다. 지금부터의 설명은 이 책의 내용을 요약한 것으로, 그가 제시한 세 가지 정책결정모형을 다루었다.

■ 쿠바 미사일 위기

엘리슨은 책 서문에서 1962년 10월 16일부터 28일까지 13일간 벌어진 쿠바 미사일 위기를 매우 중대한 사건으로 제시한다. 이때 전쟁이 발생했다면, 미국은 물론이고 러시아와 유럽 등에서 셀 수 없는 사망자가 나왔을 것이기 때문이다.[2]

쿠바 미사일 위기는 당시 쿠바 지역에서 핵탄두를 탑재할 수 있는 소련(Soviet Union)의 중거리 탄도미사일기지가 건설 중인 것을 미국 U-2 정찰기가 발견하면서 발생했다. 존 F. 케네디(John F. Kennedy) 대통령은 즉각 비상사태를 선언하고 쿠바 해상을 봉쇄(blockade)했으며, 소련 흐루시초프(Khrushchev) 당서기장에게 보복 공격의 경고와 함께 48시간 내 미사일을 철수할 것을 요구했다. 반면 흐루시초프 당서기장은 미국의 해상봉쇄가 핵전쟁까지 야기할 수 있는 공격적 행위임을 주장하고, 기존 계획에 따라 핵 항공모함을 쿠바로 접근시켰다. 다행히 소련의 항공모함들이 뱃머리를 돌리고 흐루시초프 당서기장이 쿠바의 미사일 기지를 폐쇄함으로써 일촉즉발 위기상황은 종료되었다. 냉전시대 쿠바 미사일 위기 상황은 'D-13'이라는 영화로도 제작되었다. 엘리슨의 정책결정모형을 공부하기에 앞서 영화를 통해 현실적 배경을 이해해보는 것도 좋을 것 같다.[3]

■ 앨리슨의 정책결정모형

"왜 소련은 쿠바지역에 공격용 미사일을 전략적으로 배치하였을까? 왜 미국은 해상봉쇄로 이에 대응했을까? 왜 소련은 결국 미사일을 철수시켰을까? 궁극적으로, 미사일 위기에서의 교훈은 무엇이

었을까?"[4] 엘리슨은 이러한 질문들에 만족스러운 해답을 찾아보고
자 하였다. 그리고 앞 챕터에서 살펴보았던 집단적 의사결정을 유
형화하여 세 가지 유형의 정책결정모형을 창시하였다.

그가 제시한 첫 번째 유형은 합리적 행위자(the rational actor) 모
형이다.[5] 차이는 합리적 행위자모형의 기본분석단위가 개인적 차원
보다 국가 또는 정부 차원에서 채택된다는 논리이다. 즉, 국가 또는
정부는 유기적이고 합리적인 단일 결정자(unitary actor)로서 목표와
목적(goals and objectives), 대안(alternatives), 결과(consequences), 선
택(choice) 등에 대해 합리적인 행동양태를 가지고 정책결정을 내린
다고 보았다. 이러한 행동은 국가에 처해진 전략적 문제에 대한 대
응책으로서, 전략적인 국제 상황에서 발생되는 위협이나 기회에 따
라 관련 국가가 특정한 조치를 취하도록 한다. 결과적으로 특정 문
제를 다루는 정부(대표자)의 행동은 국가 차원의 문제 해결방안으로
서 채택된 것이라고 볼 수 있다. 따라서 이러한 활동은 국가 혹은
정부라는 단일 행위자의 합리적인 행동으로서 제시된다.

여기에서 국가 또는 정부가 단일 행위자로서 일관된 목표와 선호
와 평가기준을 지닐 수 있는 데에는 국가 이익을 위하여 정책 참여
자들이 자신의 사적 이익을 고려하기보다 모든 참여자가 국가 목표
를 공유하고 이를 우선적으로 추구할 것이라는 전제가 깔려있다.
따라서 이러한 모형은 쿠바 미사일 위기와 같이 국가 운명에 큰 영
향을 주는 외교정책이나 국방정책을 설명할 때 보다 설득력을 가진
다. 실제 쿠바 미사일 위기 때에는 소극적으로 방관하자는 주장부
터, 미소 정상회담 등의 외교적 해결 방안, 쿠바 카스트로(Castro)와
의 비밀교섭, 쿠바 침공, 국지적 공습 등까지 다양한 대안들이 제시
되었으나 합리적 관점에서 해안봉쇄라는 정책결정이 최종적으로 이
뤄졌다고 설명한다.

엘리슨의 두 번째 유형은 조직과정(organizational process)모형이다.[6] 이는 사이먼(Simon)·마치(March)·사이어트(Cyert) 등의 조직모형과 회사모형에서 논리적 개념들을 차용해 온 것이다. 이 모형은 국가 또는 정부를 단일의 합리적 결정자이기보다 하위조직들이 느슨하게 연결된 거대한 조직체(large organization)라고 보았다. 즉, 주요한 문제들에 대응한 특정 과제별로 하위조직들이 나눠져 있으며, 각자 맡겨진 문제에 관하여 준독립적 특성(quasi-independence)을 지닌 하위조직들이 느슨하게 연결된 거대한 조직체(large organization)로서 국가나 정부를 상정한다.

하위조직들이 준독립적 특성을 가질 수 있는 것은 이러한 조직들이 종속적 성격의 하위조직이라기보다 각 분야의 지식과 정보를 다루는 전문적 권위(functional authority)를 지니고 있어서다. 또한 준독립적 하위조직들이 각자 주어진 문제를 해결한다고 할 때 각각의 하위조직은 서로 다른 정책목표를 추구하게 된다. 일례로 쿠바 미사일 위기와 같은 사태가 발생했을 때 외교부는 외교적 해결을, 국방부는 국방력에 의한 힘의 방식을 선택하고자 할 수 있다. 여기에서 갈등도 발생할 수 있으며, 상호간의 타협을 모색할 때 완전하기보다는 준해결상태(quasi-resolution)와 불확실성(uncertainty)에 머무는 경우도 발생하게 된다.

따라서 국가(정부)의 정책 역시 지도자의 합리적 행동의 결과라기보다는 하위조직들이 내부절차에 따라 결정한 조직적 산출물로 바라본다. 그리고 조직의 산출물은 실질적으로 하위조직의 상례적(routinized) 절차, 즉 표준운영절차(SOP)에 따른 의사결정으로 이해될 수 있다. 쿠바 미사일 위기 시에도 정부는 해상봉쇄를 최대한 쿠바 해안 가까이에 두기를 원했지만, 해군은 해상봉쇄선에 대한 자신들의 SOP에 의거하여 해안에서 500마일 떨어진 곳에 설치하였다. 케네디 대통령의 명령이 정확히 이행되지 않은 결과였다. 이처럼 모형은 하위조직 간에 서로 다른 표준운영절차와 프로그램 행동양식이 실제 정책결정에 얼마나 영향을 주는지 뿐만 아니라 정부지도자가 의도하는 것과 실제 관료에 의해 집행된 것 사이에 괴리가 나타날 수 있음도 설명해준다.

엘리슨의 세 번째 유형은 관료정치(governmental politics)모형이다.[7] 정책결정의 주체를 단일 결정자로서의 국가나 정부로 상정한 첫 번째 합리적 행위자모형, 하위 조직들이 연결된 조직체로 상정한 두 번째 조직과정모형과 달리, 관료정치모형은 정책결정의 주체를 다수의 참여자들(participants)로 보는 경우다. 따라서 정책은 참여자들이 서로 다른 전략적 목표에 따라 정치적 게임(political game)을 펼친 결과로써 나타난 정치적 산물(political resultant)이라 할 수 있다.

관료정치 모형은 분석의 기본적 단위를 정치적 산물로서의 관료들의 행위에 초점을 둔다. 이러한 산출물이 상이한 관점을 가진 고위관료들이 서로 타협하고 갈등하며 연합하는 등의 행동들을 통해 얻어낸 결과라고 보기 때문이다. 엘리슨은 관료정치모형에서 적용될 몇 가지 개념들을 다음과 같이 제시하였다. 첫째, 정책결정주체는 높은 직위를 가진 참여자들이다. 조직의 장이나 참모진, 관료, 의회 의원, 이익집단 대변인 등이다. 둘째, 조직의 구성원들은 조직의 목표에 민감하고 목표에 자신들만의 우선순위를 지니고 있다. 셋째, 정치적 산출물은 참여자들의 정치적 게임에 의해 결정된다. 따라서 참여자들의 정치적 게임 능력은 매우 중요하다. 넷째, 참여자들은 현재 활용 가능한 대안을 선택하는 데 집중한다. 다섯째, 게임은 규칙적인 행동경로에 따라 진행된다. 관료정치모형은 이러한 개념 하에서 서로 다른 관점과 우선순위를 가진 참여자들의 활동을 분석하고, 최종 정책결정에 대한 모형의 설명력을 제고시킨다.

쿠바 미사일 위기가 발생했을 때에도 여러 국가조직들이 의사결정에 참여하였고, 조직의 장들은 서로 다른 관점과 우선순위로 다양한 대안들을 펼쳤다. 그 가운데엔 정밀 공중폭격(surgical air strike)도 제시됐으나 핵전쟁 위험을 억제하려한 국무장관 맥나마라 (McNamara)와 법무장관인 로버트 케네디(Robert Kennedy) 등의 주장이 받아들여지며 해상봉쇄 쪽으로 정책이 결정되었다. 관료정치모형은 이처럼 참여자들 간의 타협, 갈등, 연합하는 행동들에 따라 산출물로서 정책결정이 어떻게 나타났는지를 잘 설명해준다. 다음 <표 8.1>은 지금까지 살펴본 엘리슨 정책결정모형의 유형과 특성을 다시 구분해 정리한 것이다.

▼ 표 8.1 엘리슨의 세 가지 모형 종합·비교

기준	합리모형	조직과정모형	관료정치모형
조직관	조정과 통제가 잘된 유기체	느슨하게 연결된 하위 조직 연합체	독립적인 개인적 행위자들의 집합체
권력 소재	최고지도자	준독립적 하위조직 분산 소유	개인적 행위자들의 정치적 자원 의존
행위자 목표	조직 전체의 목표	조직전체의 목표+ 하위조직들 목표	조직전체의 목표+ 하위조직들 목표+ 개별 행위자 목표
목표 공유도	매우 강함	약함	매우 약함
정책 결정	최고지도자가 명령 지시	SOP에 대한 프로그램 목록 추출	정치적 게임규칙에 따라 타협 흥정 지배
정책 일관성	매우 강함 (항상 일관성 유지)	약함 (자주 바뀜)	매우 약함 (거의 일치하지 않음)

* 자료: 정정길 등(2011: 498－499).

  엘리슨은 그의 저서에서 이 외에도 다양한 정책결정 사례들을 각 모형에 따라 설명해주고 있다. 외교와 국방정책에 관심이 많다면, 어느 소설책보다 그의 책이 재미있을 것이라고 귀띔해주고 싶을 만큼 재미난 사례들을 소개하고 또 그 분석력을 보여준다.

  그렇다면, 엘리슨은 왜 모형을 세 가지로 나눠 살펴보았을까? 권기헌 교수는 엘리슨이 유형을 나눠 살펴본 것처럼, "정책을 분석하는 데엔 하나의 렌즈가 아닌 여러 가지의 렌즈가 존재"할 수 있음을 잊지 말아야 한다고 하였다.[8] 또한 정정길 교수는 "실제 정책결정에서는 어느 하나의 모형이 아니라 세 가지 모형 모두 적용될 수 있으며, 이것이 바로 엘리슨이 의도했던 것"이라고 설명하였다. 즉, 합리모형으로 설명된 부분이 있다면, 설명되지 않은 부분은 조직과정모형으로, 그래도 설명되지 않은 부분은 관료정치모형으로 설명했다고 할 수 있다.[9]

 심화학습 ────────────────

  정책결정에 대한 연구자라면, 실질적인 정책결정의 특성으로서 개인적 의사결정이나 집단적 의사결정 중 어떠한 논리로 의사결정이 되는지 늘 의구심을 가질 필요가 있다. 예를 들어 어떤 조직이 매우 계층적 구조를 가지고 있으며 하향식(top-down) 구조를 보이고 있다면, 최고위층에 있는 개인이 단독으로 의사결정을 하는 경우라고 볼 수 있겠다. 극단적 예시로서, 이런 경우라면 개인적 의사결정이 발생되는 사례로 제시될 것이다. 하지만 대개의 조직에서는 집단적 의사결정이 발생되는 경우가 더 잦다. 하의상달(bottom-up) 방식이 주로 행해지는 행정조직이나 기업조직으로부터 수평적 구조를 지향하는 팀(team)제의 조직구조는 요즘 흔히 볼 수 있는 의사결정구조이다. 이처럼 현실적으로 집단적 의사결정이 주로 행해지는 이유는 다양한 시각에서 많은 정보를 활용할 수 있으며, 결정내용에 정당성을 부여하여, 결정된 사안에 대해 집단의 수용도와 실행가능성을 높이고, 결과에 대하여 책임을 분산시킬 수 있기 때문이라고 하겠다. 반면, 집단적 의사결정은 무임승차나 소수파의 영향, 무비판적인 집단사고(groupthink)에 의해 잘못된 의사결정으로 나타날 수도 있다.[10]

　실제 현실에서 나타난 정책결정의 사례를 살펴보는 가운데 '보다 합리적인' 정책결정 방안이 없었는지도 생각해볼 필요가 있다. 특히 연구 대상이 정책실패 사례라면, 이러한 연구를 통해 보다 나은 정책결정방식을 모색할 수도 있을 것이다.

주석

1. 정철현, 2008: 267-268; 권기헌, 2013: 123-124.
2. Allison, 1971: 1.
3. 권기헌, 2013: 113-115.
4. Allison, 1971: 1-2.
5. Allison, 1971: 10-38, 56-62; 정정길 등, 2011: 496; 권기헌, 2014: 183-184.
6. Allison, 1971: 67-100, 129-130; 정정길 등, 2011: 496-498; 권기헌, 2014: 184-186.
7. Allison, 1971: 144-184, 206-210; 정정길 등, 2011: 498; 권기헌, 2014: 186-189; 권기헌, 2013: 118-119.
8. 권기헌, 2013: 121-122.
9. 정정길 등, 2011: 500.
10. 정정길 등, 2011: 501-506.

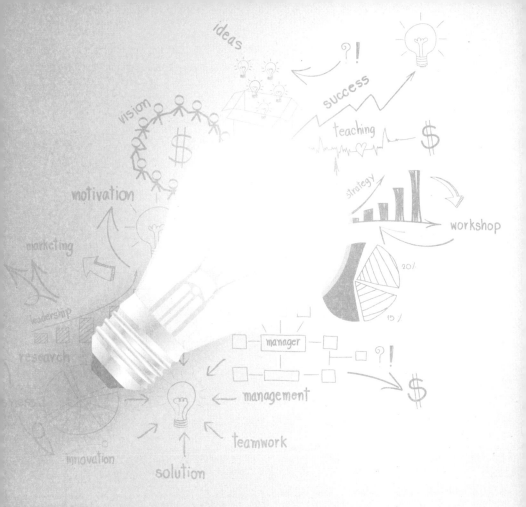

Chapter 9

정책집행과 순응

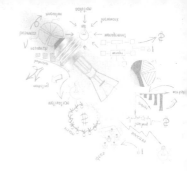

Chapter 9
정책집행과 순응

구슬이 서 말이라도 꿰어야 보배라고 하듯, 정책이 아무리 합리적으로 결정되었다고 해도 목적에 맞게 집행되지 않는다면 그러한 정책은 제 기능을 못할 것이다. 그래서 정책집행은 정책과정 중 "결정된 정책의 내용을 실현시키는 과정"으로서 중요하게 제시된다. 또한 정책을 합리적으로 결정만 하면 그 목적에 따라 정책이 자동적으로 집행될 것이라고 생각하는 것은 오산이다. 정책을 결정하는 자와 집행하는 자가 서로 다르거나, 결정된 정책의 목적과 의도가 집행과정에 올바로 전달되지 못하며, 자원과 능력부족으로 인해 집행에 차질이 생기는 경우가 허다하기 때문이다. 이런저런 이유로 정책집행이 이뤄지지 않을 때 이를 불집행(non-implementation)이라고 하는데, 불집행이 발생되면 결국 정책결정의 목적이 제대로 이뤄지지 않게 된다.[1]

정책과정 가운데 정책집행을 중요하게 다루는 이유는 다음 같다.[2]
1) 정책집행이 제대로 이뤄질 때 정책의도가 올바로 실현될 수 있

다. 만약 자연재해로 파손된 시설을 원상복구하자는 정책이 결정되었다면, 이는 당연히 집행될 때에야 그 목적을 이룰 수 있다. 2) 실질적인 정책내용은 결국 집행단계에서 결정된다. 파손된 시설을 복구하더라도 이전과 똑같지 않으며 그 모습과 기능, 예산 등에 대한 정책내용이 집행과정에서 다르게 결정될 수 있기 때문이다. 3) 정책집행이야말로 정부의 활동과 국민생활이 직접적으로 연결되는 활동이라 하겠다. 실질적으로 집행단계에서 정책대상집단과 접촉하는 경우가 가장 많이 발생되기 때문이다.

이론적으로, 정책 결정과 집행에 대한 고전적 논의는 정치행정이원론과 과학적 관리론에 기초한다. 미국행정학의 출발이라 할 수 있는 윌슨(Woodrow Wilson)의 1887년 논문 "행정 연구"(The Study of Administration)로부터 주장된 정치행정이원론과 능률성 기반으로 3S(전문화: specialization, 표준화: standardization, 단순화: simplification)를 강조한 테일러(Frederick W. Taylor, 1911)의 과학적 관리론에 따라, 집행과정에서 행정가는 독립적이되 가치중립적이고 전문직업적이며 비정치적 활동으로 업무를 수행해야 하며, 무엇보다 능력 있는 공직자로서 행정을 능률적으로 추진해야 한다는 능률지상주의가 전개돼 왔었다.

그러나 1930년대 대공황을 극복하기 위한 뉴딜(New Deal) 정책 등에 따라 정치행정일원론이 제기되며, 이러한 고전적 논의는 다양한 비판을 받았다. 그 가운데 정책집행과 관련된 새로운 연구업적들은 프레스맨과 윌다브스키(Pressman & Wildavsky), 나카무라와 스몰우드(Nakamura & Smallwood) 등의 연구가 대표적이라고 할 수 있다.

프레스맨과 윌다브스키는 미국 연방정부의 경제개발처가 캘리포니아 오클랜드(Oakland) 시에서 실시한 실업자 구제정책을 사례로 정책이 왜 실패하였는지를 연구하였다. 1966년 경제개발처가 오클랜드 시에서는 약 2천 5백만 달러를 투입해 3천여 일자리를 창출하겠다는 정책결정을 발표했으나 사업 착수 후 4년이 지나도 주요 건설사업이 이뤄지지 않았고 일자리도 제대로 마련되지 못하였다. 이에 대한 연구로 얻은 교훈은 1) 정책설계와 정책집행은 밀접한 상호관계를 갖기에, 집행이 정책으로부터 분리되도록 해서는 안 된다는 것과 2) 정책입안자는 가장 적합한 정책집행자가 누구인지를 고려해야 하며 3) 집행 가운데에도 리더십이 지속적으로 유지되어야 한다는 점 등이었다.[3] 프레스맨과 윌다브스키의 연구는 정책집행의 중요성을 새롭게 제시함으로써 현대적 집행론의 연구가 증대되는 데 기여하였다.

나카무라와 스몰우드의 1980년 연구는 정책결정에서의 행위자와 정책집행에서의 행위자 간의 관계성(linkage)에 초점을 맞춰 정책집행을 유형화하였다는 데에 의미를 지닌다. 이들은 공식적인 정책결정자와 정책집행자 간에 나타나는 권력관계의 특성을 근거로 고전적 기술 관료형, 지시적 위임형, 협상형, 재량적 실험가형, 관료적 기업가형 등 총 5가지 정책집행의 유형을 구분했다. 그 내용은 <표 9.1>로 요약된다.

표 9.1 나카무라와 스몰우드의 정책집행 유형 분류

기준	정책결정자	정책집행자
고전적 기술 관료형	구체적 목표를 수립하고, 기술적 문제에 관한 권한을 집행자에 위임	결정자가 설정한 목표를 지지하고 기술적 수단을 강구
지시적 위임형	구체적 목표를 수립하고, 집행자에게 목표달성에 필요한	결정자가 설정한 목표를 지지하고 목표달성에 필요한 수단

	수단을 강구할 수 있는 권한을 위임	에 관해 집행자들 간에 교섭이 이루어짐
협상형	구체적 목표를 수립하고, 집행자와 목표 또는 수단에 관하여 협상	결정자와 목표 또는 목표를 달성할 수단에 관하여 협상
재량적 실험가형	추상적 목표를 기술하고, 집행자에게 광범위한 재량권을 부여	집행자는 결정자를 위해 목표와 수단을 구체화시킴
관료적 기업가형	집행자가 수립한 목표와 고안한 목표달성 방안을 기술	집행자가 정책목표와 수단을 강구하고 정책결정자를 설득하여 목표와 수단을 받아들이게 함

* 자료: Nakamura & Smallwood(1980: 114-128)

■ 집행연구의 전개과정과 평가

정책집행에 관한 최근 연구를 살펴보면, 하향적(top-down) 접근방법, 상향적(bottom-up) 접근방법, 통합모형 등으로 구분하여 설명할 수 있다.

하향적 접근방법은 정책설계 혹은 정책결정을 중시하는 경향으로, 이러한 관점에서 정책은 명확한 목표를 통해 성과 측정이 가능하고 더불어 이러한 목표를 실현하기 위한 정책수단 역시 명확하게 정의될 수 있다고 본다. 또한 정책은 법령이나 권위 있는 진술로 표현되며, 정책의 설계자들이 집행자들의 능력과 의지에 대한 충분한 지식을 갖고 있되, 집행연계조직(implementation chain)에 의해서 정책이 집행된다고 봤다.

앞서 살펴본 프레스맨과 윌다브스키의 연구가 대표적인 경우인데, 이들은 정책목표의 달성을 어렵게 만드는 요인으로 행위자의 수, 의사결정점, 인과이론의 타당성 등을 살펴보았다. 판 미터와 판

혼(Van Meter & Van Horn)은 프레스맨과 윌다브스키의 연구에 이론적 관점이 결여되어 있음을 전제하고, 정책집행의 성과를 여섯 개의 변수로 설명가능한 모형을 개발하기도 하였다.[4] 바다치(Bardach)는 법안이 법률로 통과된 후에 어떤 일이 나타나는가에 대한 관심으로 집행단계에 관한 연구를 하였다. 그는 캘리포니아 주에서 결정된 정신장애 치료 및 시민권 회복에 대한 법률의 집행과정을 연구함으로써 다양한 형태로 나타난 집행 게임(implemantation game)을 유형화하고, 정책의 성공적인 집행을 위한 전략을 제시하기도 하였다. 사바티어와 마츠마니안(Sabatier & Mazmanian)은 여러 연구들을 함께 진행하며 하향식 접근방식의 대표적 모형을 제시하였는데 문제의 용이성, 법률의 집행구조화 능력, 기타 비법률적 변수(상황요인 등)를 중요 변수로 활용할 수 있음을 보여주었다.[5] 하향적 접근방법은 정책결정자가 설계한 정책을 중심으로 정책집행을 체계적으로 파악할 수 있고, 주요 변수들을 중심으로 집행과정을 점검 가능하며, 보다 객관적인 정책평가를 가능하게 한다는 장점을 지닌다. 반면 일선관료의 능력이나 대상집단의 반응, 반대세력의 입장 등을 소홀히 하거나 목표와 목적에 대한 합의가 없을 때 성과평가가 사실 어렵다는 단점을 갖는다.

　상향적 접근방법은 하향식 접근방법의 단점을 극복하고자 정책을 집행하는 일선관료와 정책대상집단의 관점에서 실시한 정책집행연구를 말한다. 대표적 학자로는 립스키(Lipsky)의 연구를 살펴볼 수 있다. 그는 교사, 일선경찰관, 법집행공무원, 사회복지요원, 보건요원 등의 일선관료들이 일반 시민들과 직접 접촉하는 경우가 많기에 업무환경 측면에서 공통점이 많을 것이라고 보았다. 즉, 만성적으로 가용자원이 부족하고, 서비스에 대한 수요는 늘 증가하며, 목표는 늘 애매하고나 모호하거나 갈등적이며, 항상 성과측정이 어렵고, 고객들은 대체로 비자발적이라는 공통점을 지닌다. 따라서 이러한 불확실성에 대처하는 일선관료들은 제한된 자원 범위 내에서 문제를 해결할 수 있도록 업무를 조직화하며, 업무의 정의를 수정하여 목표를 조정하거나 고객의 개념을 수정하여 목표와 실제 사이의 간격을 수용가능하게 만든다. 리프스키는 일선관료들이 업무에 재량권을 행사함으로써 실질적으로 집행되는 정책의 내용에 상당한 영향을 미친다는 점에 집중했다. 결과적으로 그는 영향력이 큰 집행자의 책임성을 확보하기 위해 새로운 접근방법이 필요하다는 점을 제시하였다.

립스키로 대표되는 상향적 접근방법은 하향적 접근방법의 약점을 극복하며, 정책집행에 대한 상세한 기술을 가능케 하고, 집행과정의 인과관계를 파악하는 데 용이하다. 따라서 실질적인 집행효과뿐만 아니라 집행자의 우선순위 전략과 반대세력의 전략을 비교할 수 있

▼ 표 9.2　하향적 접근방법과 상향적 접근방법

기준	하향적 접근방법	상향적 접근방법
연구전략	정치적 결정 → 행정적 집행	개별 관료 → 행정네트워크
분석목표	예측/정책건의	기술/설명
과정 모형	단계주의자 모형	융합주의자 모형
과정 특징	계층적 지도	분권화된 문제해결
민주주의	엘리트 민주주의	참여 민주주의
평가기준	공식 목표달성 초점	분명치 않음(이슈/정책문제)
초점	정책목표 달성을 위해 집행 체계를 어떻게 운영할까	집행네트워크 행위자의 전략적 상호작용

* 자료: 남궁근(2012: 494)

고 집행의 부작용이나 부수효과를 파악하는 데에도 도움이 된다. 다만, 일선관료의 영향을 크게 강조하여 정책집행의 거시적 틀을 경시하게 되거나, 집행실적의 객관적 평가를 힘들게 하며, 일관된 분석틀을 구성하는 데 어려움을 준다.

통합적 접근방법은 하향적 접근방법과 상향적 접근방법의 약점을 극복하기 위해 두 모형의 요소들을 종합하여 집행과정을 연구하는 방법을 말한다.[6] 대표적 학자로서 엘모어(Elmore)는 정책결정자가 정책설계 시에는 하향적 접근방식을 통해(정책수단과 가용자원 고려 등) 정책목표를 설정하되 상향적 접근방식의 방법을 수용하여(대상 집단의 인센티브 구조 확인 등) 집행가능성이 높은 정책수단을 선택할 수 있도록 함으로써 양 접근방법을 통합할 수 있다고 보았다. 이러한 통합모형은 하향적 접근방식과 상향적 접근방식 간의 극단적 논쟁을 피하게 하였으나, 두 접근방식이 서로 다른 논리에서 출발하였기에 이 둘을 완전하게 통합한다는 것은 사실상 어렵다고 보는게 타당할 것이다.

■ 정책대상집단의 순응과 불응

또한 정책의 집행과 관련하여 중요한 개념이 정책대상집단의 순응(compliance)과 불응(non-compliance)이다. 일례로 환경보호정책에 따라 공장의 폐수 방류를 규제하였을 때 실제로 공장들이 폐수를 방류하지 않는다면 순응이라 할 수 있겠지만, 계속 방류를 한다면 불응이 나타난 것이다. 만약 집행에 불응이 발생한다면, 그러한 정책은 성공적이라고 말하기 힘들다.

정책집행이 성공적이기 위해서는 정책집행을 담당하는 일선관료의 순응도 매우 중요하다. 일선관료들은 정책이 집행되는 현장에서 행정서비스를 직접 제공하거나 정책대상집단의 행동을 규제하는 역할을 한다. 만약 이들의 순응이 없다면 이러한 서비스나 규제가 왜곡되거나 불집행이 일어날 가능성이 높아진다.

그렇다면, 순응을 좌우하는 요인들은 어떤 것들이 있을까?[7] 정책의 소망성 측면에서 실질적 내용이 바람직스럽다면, 순응주체들은 이를 잘 따를 것이다. 정책이 명료하여 어떤 행동을 요구하는지가 분명하고 정책의 내용과 지속성이 일관된다면 순응하기 쉽다. 정책집행자에 대한 신뢰성이 높거나 정통성이 강한 경우에도 순응할 가능성이 높다. 한편, 순응을 확보하기 위하여 순응주체에게 도덕적 설득을 가하거나 유인이나 보상을 제공하거나 처벌과 강압을 이용하는 경우도 발생한다. 또는 공공재의 수준에 따라서 순응과 불응의 결과가 야기될 수도 있다.[8]

불응의 원인을 살펴보면, 정책의 내용이 정책집행 참여자들에게 제대로 전달되지 못한 경우, 순응에 필요한 자금이나 능력이나 시간 등의 자원이 부족한 경우, 정책에 대해 정책대상집단이 의심이나 회의를 품을 때, 순응할 경우 발생되는 희생이나 부담이 클 때, 권위에 대한 불신이 발생되는 경우 등이 있다.[9] 실제 현장에서 정책집행 시에는 이와 같은 불응으로 인해 행정의 불집행이 나타나지 않도록 더욱 세심한 노력이 요구된다.

주석

1. 권기헌, 2014: 305.
2. 정정길 등, 2011: 512-514.
3. Pressman & Wildavsky, 1979: 143-162. 이 책은 1973년에 초판이 간행되었으며, 1979년에 제2판, 1984년에 제3판이 간행되었다.
4. 이들이 제시하였던 정책집행의 성과에 관한 6개의 범주는 1) 정책의 목표와 기준, 2) 가용자원, 3) 조직간 관계, 4) 집행기관의 특성, 5) 경제정치 사회적 환경의 특징, 6) 집행자의 성향 및 반응 등이다.
5. Bardach, 1977: 55-58, 250-280; Sabatier & Mazmanian, 1980: 538-560.
6. 권기헌, 2014: 336-337.
7. 정정길 등, 2011: 552-558.
8. 김정훈·서인석, 2017.
9. 남궁근, 2012: 514-517.

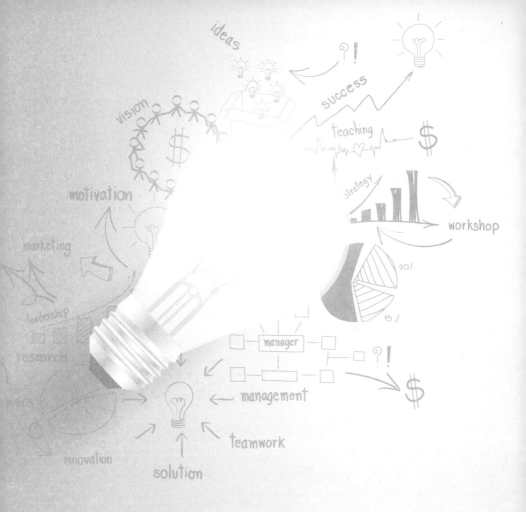

Chapter 10

정책평가와 활용

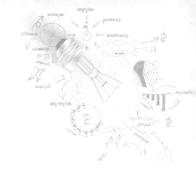

정책평가와 활용

라스웰이 주창한 바처럼 인간의 존엄성을 지향하며 우리 사회를 보다 나은 사회(social betterment)로 만들기 위해 수행하는 것이 정책이라면, 집행된 정책은 정책에 의미가 있는지에 대한 당위성, 정책 결과에 따른 영향(impact)과 효과(effect), 기대했던 바를 달성하였는가에 대한 목표달성 정도, 더 나은 대안이 없는지에 대한 정책대안의 식별 등 다양한 이슈에 대응할 수 있어야 할 것이다. 이런 면에서 정책집행의 다음 단계로서 정책평가는 집행 후 제기된 이슈에 답을 하는 활동이라 할 수 있다.[1]

정책과정과 정책결과에 대하여 사후적으로 실행되는 정책평가는 크게 세 가지 목적을 지닌다. 1) 정책을 계속적으로 추진할 것인지에 대한 결정이다. 정책을 축소하거나 중단할지, 아니면 유지하거나 확대할지를 결정하는 데 도움을 준다. 2) 평가에 따라 정책의 내용을 수정할 수 있다. 정책의 내용으로는 정책의 목표, 수단, 대상 등이 될 수 있겠다. 3) 보다 효율적인 전략을 수립하는 데 도움을 줄

수 있다. 학자에 따라서는 <표 10.1>과 같이 정책평가의 목적을
보다 세부적으로 제시하기도 한다.

▼ 표 10.1 정책평가의 목적

평가의 목적	평가의 내용
장점과 가치 평가	개인 또는 사회적 수준에서 정책 또는 프로그램 가치에 대한 평가
프로그램, 조직 개선	프로그램을 직접 운영하거나 개선시킬 수 있도록 하기 위한 노력의 정도
감독과 순응	프로그램이 법률, 규제, 규칙 등 공식적 기대에 따른 정도
지식수준 고양	일반적 이론, 명제, 가설들을 정책들과 프로그램들의 맥락 하에서 검증
성공/실패 평가	정책체제의 성공/실패, 정책의 성공/실패 등

* 자료: 노화준(2012: 543)

■ 정책평가의 유형과 절차

정책평가는 평가기준과 관점에 따라 유형을 구분할 수 있다.[2] 먼
저, 평가의 시기에 따라서는 크게 형성평가와 총괄평가로 나눌 수
있다. 형성평가(formative evaluation)는 사업계획을 개발하거나 개선
하는 과정에서 수행되는 평가이다. 이는 사업을 관리하거나 담당하
는 자들을 위해 보통 내부적으로 행해지는 경우가 대부분이다. 총
괄평가(summative evaluation)는 주로 정책이 종료된 후에 실시된다.
예산을 제공한 주체나 정책의 고위결정자들의 요구를 충족시키는
데 특히 활용되며, 평가의 신뢰성을 높이기 위해 외부전문가를 관
여시키는 경우가 많다.

정책평가를 수행 목적에 따라서 유형을 구분한 학자들이 있다. 슈만(Schman)은 노력평가, 성과평가, 성과의 충분성 평가, 능률성평가 등으로 구분하였다. 노력평가(evaluation of effort)는 특정한 활동이 수행된 것(노력) 자체만으로도 목적을 어느 정도 달성한 것이라고 판단하는 경우다. 따라서 수행된 활동의 양과 질로써 성공여부를 판단한다. 성과평가(evaluation of performance or effects)는 노력의 결과로써 성과를 측정하는 평가다. 즉 목표 달성여부, 야기된 변화, 의도했던 문제해결 여부 등을 판단한다. 성과의 충분성 평가(evaluation of adequacy)는 정책의 성과가 전체문제의 해결 정도를 측정하는 것으로, 규모면에서 쉽지 않은 평가다. 능률성 평가(evaluation of efficiency)는 노력과 성과의 비율을 측정하는 평가로, 동일한 성과를 얻는 데 대한 보다 나은 대안을 찾을 때 유용하다.

나흐미아스(Nachmias)는 과정평가와 영향평가로 나누었다. 과정평가(process evaluation)는 어떤 정책이 정해진 지침에 따라서 집행된 정도(과정)를 평가한다. 영향평가(impact evaluation)는 정책이 의도된 방향으로 변화를 얼마나 야기하였는지(영향)를 검토하는 평가다. 또한 홀리(Wholey)는 정책프로그램의 효과성과 능률성에 대한 평가로서 정책평가의 유형을 영향평가, 전략평가, 과정/관리 평가, 프로젝트 평가 등으로 구분한 바 있다.

정책평가의 절차에 대하여도 학자들의 관심이 많다.[3] 슈만은 목표를 규명하고, 문제를 분석하며, 활동을 표준화하고, 변화의 정도를 측정하며, 변화가 정책의 결과인지를 판단함으로써, 정책의 효과를 검토하는 여섯 단계의 절차를 제시하였다. 나흐미아스는 목표인식, 인과모형 구성, 조사설계 개발, 측정과 표준화, 자료수집, 자료분석 및 해석이라는 여섯 단계를 과학조사에서의 절차에 준용하여 제시하였다. 이에 대해 정정길 교수는 정책평가의 목적확인과

평가유형의 결정, 정책구조의 파악과 평가대상의 구체적 확정, 평가 방법의 결정, 자료의 수집 및 분석, 평가결과의 제시 등 다섯 가지로 그 절차를 구분하였다. 또한 권기헌 교수는 여러 학자들의 견해를 종합하여 정책목표의 파악, 평가기준의 설정, 인과모형의 작성, 연구설계의 구축, 측정과 표준화, 자료수집, 자료분석과 해석 등 일곱 단계로 구분키도 하였다.

■ 정책평가의 논리와 실험적 방법

정책평가의 논리로서 정책수단과 정책목표 간에는 인과관계를 가지며, 평가의 타당성과 신뢰성이 확보되어야 한다.

특히 앞서 말한 총괄평가의 경우가 궁극적으로 정책수단과 정책목표 간의 인과관계를 검증하는 평가라고 할 수 있다. 이러한 인과관계가 검증되기 위해서는 먼저 정책수단의 실현이 정책목표의 달성보다 시간적으로 선행되었어야 하며, 정책수단의 변화 정도에 따라 정책목표의 달성 정도가 함께 변해야 하고, 특정정책수단의 실현과 정책목표 달성 간 관계에는 다른 설명 요인이 배제되어야 한다. 이렇듯 시간적 선행성·공동변화성·경쟁적 가설의 배제 등이 이뤄질 때 정책평가가 과학적 방법으로 이뤄졌다고 말할 수 있다.[4]

과학적 정책평가가 되기 위해서는 평가의 타당성과 신뢰성을 갖추는 것 역시 중요하다. 정책평가의 타당성은 정책효과를 올바르게 판단하는 정도를 의미하는데, 크게 내적·외적·구성 타당성 등으로 구분해 살펴볼 수 있다. 내적 타당성(internal validity)은 정책집행 이후 나타난 변화가 정말 특정한 정책 때문인지를 밝히는 데 의미가 있다. 이런 이유로 정책평가를 위해 고찰된 통계적 실험방법들은 내적 타당성을 제고하는 데 목적이 있다고 할 수 있다. 내적 타당성을 위협하는 요인으로 연구수행보다 선행하여 발생된 외재요인과

연구기간 동안 발생되어 결과에 영향을 주는 내재요인 등이 있다. 외적 타당성(external validity)은 내적 타당성을 지닌 정책평가가 다른 상황에도 적용될 수 있는지를 의미한다. 어떤 상황에서 이뤄진 정책에 대한 정책평가가 내적 타당성을 얻음으로써 그 정책이 효과가 있었다고 판단하였을 때 그 정책을 다른 상황(혹은 다른 시기)에 적용하였을 때도 비슷한 효과가 있는 내적 타당성을 얻을 수 있다면, 그 정책은 평가의 외적 타당성을 얻었다고 할 수 있다. 어떤 정책이 내적 타당성뿐만 아니라 외적 타당성까지 얻었다면, 일반화(generalization)에 대한 논의까지도 말할 수가 있을 것이다. 더하여 구성 타당도(constructive validity)는 추상적 개념을 관찰 가능한 지표로서 조작화(operalization) 할 때 그 개념의 구성이 실체를 얼마나 정확하게 표현하였는지를 말한다.[5]

정책평가의 신뢰성은 정책을 측정한 평가도구에 대한 신뢰도로 동일한 평가도구로 유사한 현상을 다시 측정했을 때 그 결과가 얼마나 일관성 있게 나타나는가를 말한다. 즉 동일한 측정도구를 반복하였을 때 동일한 결과를 얻을 수 있는 확률이다.

이러한 정책평가의 논리를 바탕으로 한 과학적인 정책평가 방법 가운데에는 진실험과 준실험이라는 실험적 방법이 있다. 이러한 실험적 방법은 의도적으로 실험대상을 실험집단과 통제집단이라는 두 집단으로 나누고, 실험집단에 일정 처리(treatment)를 한 후 아무런 처리를 하지 않은 통제집단과 비교하여 처리의 효과를 비교 판단하는 방법이다. 이러한 실험적 방법으로서 진실험(true experiment)은 실험집단과 통제집단의 동질성을 확보하고 이뤄진 실험을 말한다. 실험대상을 무작위로 실험집단과 통제집단으로 배정함(random assignment)으로써 동질성을 확보하였다면, 이는 진실험이라고 말한다. 반면 준실험(quasi-experiment)은 실험집단과 통제집단의 동질성

을 확보하지 못하고 이뤄진 실험을 말한다. 준실험에서의 통제집단
은 실험집단과 동질적이라고 말할 수 없기에, 준실험에서의 통제집
단은 비동질적 통제집단이라고 말한다. 진실험에 대비하여 준실험
의 약점은 주로 내적 타당성에 관한 것들이다. 정책학에서 다뤄지
는 이러한 실험적 방법은 사회적 실험(social experiment)이라는 점
에서 실험실의 실험과 대비되나 기본적 논리는 결국 동일하다고 본
다.[6]

■ 정책평가의 활용

인간이 신은 아니기에, 이 세상의 모든 정책은 완벽하지 않다. 그
러하기에 정책평가를 하는 주된 이유는, 항상 완전할 수 없는 정책
의 집행상태를 점검하거나 전략을 수정하고 현실에 맞게 보완하거
나, 혹은 정책이 종결되었더라도 다음의 정책에 도움이 될 수 있도
록 환류과정과 학습을 위한 것이라고 하겠다.

그렇다면 우리는 정책평가를 어떻게 활용할 수 있을까? 이에 대
하여 리치(Rich)가 제시한 도구적 활용과 관념적 활용과 더불어 설
득적 활용까지 검토해 보자. 도구적 활용(instrumental use)은 평가내
용을 문제해결에 구체적으로 활용하는 것이다. 즉 평가내용에 따라
정책을 보완·수정·중지하거나 대안을 모색하는 것이다. 관념적
활용(conceptual use)은 평가내용을 정책에 직접적으로 활용하기보
다는 정책결정자의 사고방식이나 관념을 변화시켜 정책에 간접적으
로 영향을 미치도록 하는 방법이다. 학자에 따라서는 계몽적 활용
(enlightenment use)이라고 부르기도 한다. 설득적 활용(persuasive
use)은 평가내용을 특정한 정치적 입장을 지지하고 반박하는 데 활
용하는 경우이다.[7]

다만, 모든 정책평가가 수용되는 것은 아니다. 정책평가에 대해

평가대상기관으로부터 저항이 나타날 수 있고, 관리정보체계의 수
준이 낮아 정책평가 내용이 올바로 받아들여지지 않을 수도 있다.
정책평가를 수행할 때에는 향후 나타날 수 있는 여러 문제점들에
대한 적절한 대응방안도 고려되어야 할 것이다.

 심화학습

　정책평가의 현실적 측면에서 우리나라의 정책평가에 대해서도 살펴
볼 필요가 있다.[8] 세계에서 유래를 찾아볼 수 없는 경제발전과 민주주의
를 이뤄낸 우리나라는 실제로 정부경쟁력의 제고를 통해 국가경쟁력을
강화하겠다는 목적으로 정부업무평가제도를 1961년 도입하였으며, 지
금까지 이를 발전시켜오고 있다. 현재 정부업무평가는 「정부업무평가기
본법」하에서 통합성과관리체계로 구축되어, 중앙행정기관·지방자치단
체·공공기관으로 평가를 구분하여 실시하고 있다.

　중앙행정기관평가는 대통령령이 정하는 대통령 소속기관 및 국무총
리 소속기관·보좌기관을 대상으로 하며, 자체평가와 특정평가로 구분된
다. 자체평가는 중앙행정기관이 주요정책과제, 재정성과 등에 대해 스스
로 평가하며, 특정평가는 정부업무평가위원회를 통해 국무총리가 평가
한다. 정부업무평가위원회는 또한 법 제9조 등에 따라 자체평가 매뉴얼
을 마련하여 각 부처에 제공하고, 특정평가에 대한 평가일정과 지표 등
의 세부지침을 수립하여 시달한다.

　지방자치단체는 법에 따라 지방자치단체의 장이 그 소속기관의 정책
등을 대상으로 한 자체평가를 실시하되, 중앙행정기관에 의한 지방자치
단체 평가를 별도로 받게 된다. 후자의 평가는 국가위임사무, 국고보조
사업, 국가 주요시책 등에 대한 것으로, 행정자치부장관이 지방자치단체
합동평가위원회 등을 설치 운영하여 실시한다.

　공공기관평가는 공공기관의 특수성과 전문성 등을 고려하여 법에서
열거하고 있는 개별 법률에 의한 평가와 더불어, 그 밖의 기관을 대상

으로 하는 경우로서 소관 중앙행정기관의 장이 평가계획을 수립하여 실시하는 평가로 구분된다.

이와 같은 「정부업무평가기본법」하에서의 정부업무평가 외에도 「국가재정법」에 따른 기획재정부의 재정성과관리, 「감사원법」에 따른 감사원의 감사를 비롯해 정부 및 공공기관에 속해 있는 연구기관이 수행하는 평가 등이 있다.

주석

1. 노화준, 2012: 541. 이에 Nakamura & Smallwood는 정책평가의 기준으로서 효과성(의도한 정책목표 달성여부), 능률성(비용 대비 산출), 주민만족도, 수혜자의 대응성(만족도), 체제유지도(정책이 체제유지에 기여한 정도) 등을 제시하기도 하였다.
2. 김명수·공명천, 2013: 91－92.
3. 권기헌, 2014: 373－375; 정정길 등, 2011: 645－653.
4. 정정길 등, 2011: 654.
5. 권기헌, 2014: 362－363; 정정길 등, 2011: 656.
6. 권기헌, 2014: 365－366; 정정길 등, 2011: 664－672. 실험적 방법에 대해서는 특히 두 교수님의 책을 통해 보다 깊이 공부할 수 있다.
7. 권기헌, 2014: 378; 정정길 등, 2011: 680.
8. 김명수·공명천, 2013: 173－216. 본 내용은 더불어 「정부업무평가기본법」을 참조하였다. 법률의 재·개정 등에 따라 언제든지 정책변동이 나타날 수 있으므로, 우리나라 정책평가를 살펴볼 때는 가장 최근의 법률 내용을 중심으로 살펴볼 것을 권장한다. 인터넷 검색포털 등을 활용하면 쉽게 찾을 수 있다.

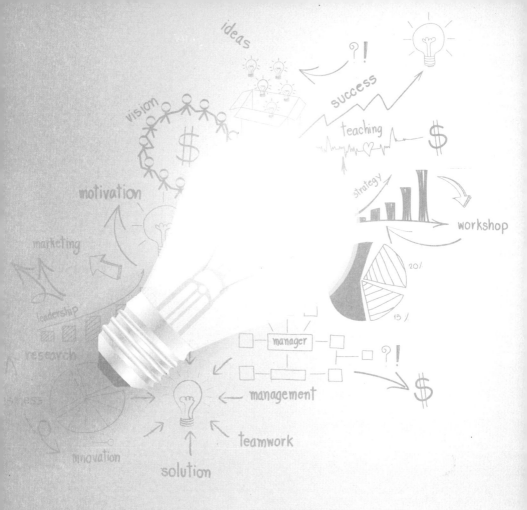

Chapter 11

정책의 변동

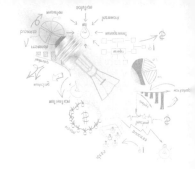

Chapter 11
정책의 변동

시간의 흐름에 따라 세상이 변하고, 사회가 변하고, 기술이 변하고, 사람이 변하기에, 정책도 변동한다. 따라서 정책의 변동이 나타났다는 것은 세상과 사회의 흐름에 따라 정책내용이 변하거나 기술의 변동에 따라 정책집행방법이 변하였거나 사람의 변화에 따라 이해관계가 변하였다는 것 등을 의미한다.

전통적 관료제 하에서 정책변동(policy change)은 기존의 정책이 종결되었다는 것을 의미하였다. 그래선지 앤더슨(Anderson) 같은 학자들은 정책과정을 정책채택 – 정책집행 – 정책평가 수준으로 제시할 뿐 정책종결 내지 정책변화에 대해 그다지 논의한 바 없었다. 그러나 현대 정책이론은 정책혁신(policy innovation)이나 정책학습(policy learning)을 강조하며, 보다 질 높은 정책을 지향함으로써 정책변동에 대한 관심 역시 높아지고 있다. 이에 린드블룸(Lindblom)과 같은 학자는 '항상 정책을 결정하거나 수정해야 한다'며 보편적 현상으로 정책변동을 바라보았다.[1]

■ 정책변동의 유형

호그우드(Hogwood)와 피터스(Peters)는 정책변동의 유형을 정책유
지, 정책종결, 정책혁신, 정책승계 등 네 가지 유형으로 구분하였다.

▶ 표 11.1 정책변동의 유형

구분	내용
정책유지	정책수단의 운영 관리를 효과적으로 수행하기 위한 활동들의 변동
정책종결	정책의 폐지. 정책이 추구하는 가치와 목적까지 변동
정책혁신	정책이 추구하는 가치와 목적, 또는 목적을 달성하기 위한 수단, 또는 수단과 활동들 가운데 일부가 변화하는 일체의 변동을 포함
정책승계	정책목적을 유지한 채 세부 정책수단들만 변화

* 자료: 노화준(2012: 600)

정책유지는 정책의 기본적 특성을 유지하면서 약간의 수정이나
변경이 이뤄지는 경우다. 정책종결은 특정 정책을 의도적으로 종결
하거나 중지시키는 경우를 말한다. 정책이 완전히 소멸되기에 예산
이나 부속사업들이 그대로 폐지된다. 정책혁신은 그동안 관여하지
않았던 분야에 정책을 결정함으로써 정부가 새롭게 개입하는 경우
다. 사회문제가 처음으로 정책문제로서 전환된 경우다. 따라서 조직
이나 예산이 새롭게 배정될 수 있다. 정책승계는 기존 정책의 기본
적 성격을 바꾸는 것으로 **정책대책**(기존 정책을 종결하고 유사한 목적
의 새로운 정책을 채택하는 것), **정책통합**(둘 이상의 정책들을 전부 또는
부분적으로 종결하고, 대체할 단일의 정책을 새롭게 채택하는 것), **정책분**

할(하나의 정책을 둘 이상으로 구분하는 것), **부분종결**(자원투입이나 정책
산출을 줄이는 정책전환), **복합적 승계**(정책의 종결, 중첩 혁신 등이 중첩
된 양태) 등이 있다.[2]

▶ 표 11.2 정책변동의 유형별 특징

기준	정책유지	정책종결	정책혁신	정책승계
의도성	적응적	의도적	의도적	의도적
조직 변동의 정도	비의도적인 조직변동	기존 조직의 폐지도 있음	기존 조직 없음	하나 이상의 조직 변동
법률 변동의 정도	기존 법률·규칙 변화 없음	관련된 모든 법률·규칙 폐지	기존 법률·규칙 없음	법률·규칙의 재·개정
예산 항목의 변동	지속적인 예산 지출	모든 지출 중지	기존 지출 없음	예산항목 변경
정책변동 내용	최소한 변동, 지속적 대체	기존 내용 폐지, 소멸	새로운 정책 결정	기존 정책 대체

* 자료: Hogwood & Peters(1983), 권기헌(2014: 399) 재인용

특히 정책종결에 대하여 바다크(Bardach)는 정책종결에 소요되는
시간을 기준으로 폭발형, 점증형, 혼합형으로 분류하였다. 폭발형은
정책이 일시에 수정되거나 종식되는 것을 말한다. 이러한 유형은
권위 있는 결정에 의하여 이뤄지는 경우가 많으며, 반면 장기간의
정치적 투쟁이 나타나기도 한다. 점증형은 장기간의 시간이 걸리는
경우로 정책에 소요되는 자원의 증감에 의해 이뤄지는 유형이다.
혼합형은 비교적 단기간 동안 의도적으로 집행되는 경우를 말한다.[3]
더불어 정책종결을 내용적으로 분류할 경우 기능적 종결과 구조 종

결로, 대상별로 분류할 때에는 기능의 종결, 조직의 종결, 정책의 종결, 계획의 종결 등으로 구분할 수 있다.[4]

■ 정책변동의 원인과 저해요인

정책변동의 근본적 원인으로는 환경의 변화를 꼽을 수 있다. 환경이 변하면 사회적으로 이슈가 되는 문제가 달라지고 자원도 변화할 수 있다. 그러하면 달라진 이해관계로써 요구(demand)나 지지(support)가 변화할 수 있다. 결국 정책과정으로의 투입에 변화가 나타남에 따라 정책변동을 가져오게 된다.[5]

특히 정책혁신의 정도에 따라 정책변동의 정도에 차이가 나타나기도 한다. 정책경험을 통해 얻은 교훈을 토대로 소규모의 정책변동이 나타날 수 있는데 대개 이러한 경우는 정규적 패턴의 정책변동으로 나타난다. 반면, 사회적 학습(social learning)을 토대로 근본적인 정책변환이 이뤄질 때는 패러다임 변화적 정책변동(paradigmatic policy change)이 나타나기도 한다. 정책혁신을 통한 정책변동은 특히 정책학습(policy learning)의 영향력을 알 수 있게 해준다.

정책변동에 어려움도 발생한다. 어떠한 정책이 더 이상 불필요하거나 시대착오적이라고 하더라도 변동되지 않고 계속하여 유지되는 경우도 볼 수 있다. 이렇듯 정책변동을 어렵게 하는 요인으로는 이해관계에 따른 심리적인 저항, 한번 결정된 정책이나 기존 조직의 항구성, 달성 불가능한 정책에 대해 새로운 목표를 부여함으로써 기존 정책을 유지하려는 동태적 보수주의, 정책변동을 반대하는 정치적 연합, 정책을 쉽게 바꿀 수 없는 법적 제약, 조직이나 정책의 변동에 소요되는 높은 비용 등이 있다.[6]

■ 정책변동의 제모형

정책변동과 관련된 모형으로는 호파버트(Hofferbert), 사바티어
(Sabatier), 홀(Hall), 킹돈(Kingdon), 머치아로니(Mucciaroni) 등의 모
형을 중점적으로 제시할 수 있다. 이 가운데 킹돈의 모형은 정책과
정을 다룬 챕터 4에서, 사바티어의 모형은 다음 챕터인 챕터 12에
서 별도로 다루었다. 이 외의 모형은 다음과 같다.

초기의 정책변동 모형으로서 호파버트의 모형을 제시할 수 있다.[7]
이는 정책산출에 관한 모형이지만 정책변동을 설명하는 데에도 유용
한 모형이었다. 그의 모형은 정책산출에 직·간접적으로 영향을 주는
다섯 가지 요인들을 제시하였다. 외부환경(external environment) 요
인으로 역사적/지리적 조건(historic/geographic circumstances), 사회/
경제적 조건(socio/economic compositions)을 비롯하여 정치적 체계
(political system)로서 대중정치의 형태(mass political behavior), 정부
제도(governmental institutions), 엘리트 형태(elite behavior) 등이다.
그리고 역사/지리적 조건과 사회/경제적 조건 등 외부환경이 변화하
면 대중정치의 형태나 정부제도, 엘리트 제도 등 정치적 체계가 변
하고, 그 결과 정책이 변동(새로운 정책의 산출)하게 된다고 설명하였
다. 이는 깔때기(funneling) 형태로 정책산출에 영향을 주는 모형으로
제시된다<그림 11.1>.

▶ 그림 11.1 호파버트(Hofferbert)의 모형(1974)

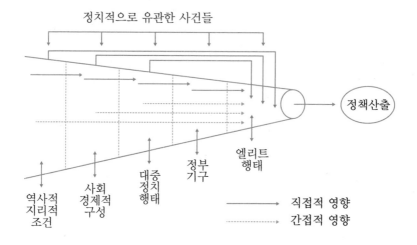

* 자료: 권기헌(2014: 401)

　홀의 모형은 패러다임 변동모형(paradigm shift model)으로 알려져 있다.[8] 한 사회의 패러다임의 변화로 인해 정책변동이 일어난다고 주장한 모형이기 때문이다. 홀은 기본적으로 정책결정자들이 일정한 사고와 기준의 틀 안에서 행동을 한다고 보고, 이러한 사고의 틀을 정책 패러다임(policy paradigm)이라고 제시하였다. 따라서 정책변동이 발생하려면, 먼저 정책문제를 바라보거나 정책수단을 강구하는 정책결정자들의 생각(정책 패러다임)이 먼저 변해야 한다고 주장하였다. 홀의 모형에서는 정책학습의 중요성이 부각된다. 이러한 모형에서는 또한 사회적 학습으로서의 정치와 권력투쟁으로서의 정치가 얽혀있는 특성을 갖는다.

▼ 표 11.3 이익집단 위상(fortunes)의 변화

구분		제도 맥락	
		유리	불리
이슈 맥락	유리	위상 상승	위상 저하
	불리	위상 유지	위상 쇠락

* 자료: 권기헌(2014: 410)

　머치아로니의 모형은 정책변동을 설명하는 데 중요한 모형으로 기억할 필요가 있다.[9] 그는 1995년 저서에서 이익집단의 위상에 관한 연구를 발표했는데, 여기서는 이슈 맥락(issue context)과 제도 맥락(institutional context)이라는 두 개념을 통해 정책변동이 어떻게 일어나는지를 설명하였다. 이슈 맥락은 이념, 경험, 환경적 요인을 망라한 개념으로, 이슈 맥락에서의 정책에 대한 정당성에 따라 정책이 유지되거나 변동하게 된다는 분석이다. 반면 제도 맥락은 정책결정자들의 제도적 선호나 패턴이 어떠한가가 정책변동에 영향을 미칠 수 있다는 것이다. 그는 특히 의회의 상임위원회나 정치결정자의 정치적 리더십에 대하여 관심이 많았다. 그는 이러한 이슈 맥락과 제도 맥락에 따라 정책(형성)변동이 발생할 수 있으며, 이를 통해 이익집단의 위상도 변화할 수 있다고 하였다<표 11.3>.

주석

1. Lindblom, 1980: 65; 유훈, 2009: 136 − 137.
2. 권기헌, 2014: 391 − 396.
3. Bardach, 1976: 124 − 126.
4. Hogwood & Peters, 1983: 27; 권기헌, 2014: 398.
5. 정정길 등, 2011: 709 − 710.
6. Hogwood and Peters, 1983: 26 − 27.
7. 권기헌, 2014: 401 − 402.
8. 권기헌, 2014: 407 − 408.
9. 권기헌, 2014: 409 − 411.

Chapter 12

옹호연합모형(ACF)

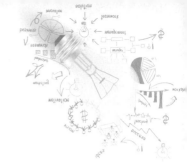

Chapter 12
옹호연합모형(ACF)

　사바티어(Sabatier)와 잰킨스미스(Jenkins-Smith)가 제시한 옹호연합모형(the advocacy coalition framework)은 오늘날의 복잡한 정책문제(wicked problems)를 다루기 위하여 개발된 정책과정 모형이다.[1] 목표를 둘러싼 내재적 갈등, 중요한 기술적 분쟁, 다양한 수준의 정부 행위자들을 둘러싼 정책문제들을 어떻게 연구할 수 있을까에 대하여 사바티어의 오랜 연구 활동 가운데 탄생된 연구모형이라고 할수 있다. 사바티어는 1944년 뉴욕 태생인 정치학자다. 매사추세츠대학(MIT)을 나와 시카고대학에서 박사학위를 받았다. 이후 캘리포니아대학교(University of California, Davis)에서 환경과학정책학부 교수로 재직하였다.

　그의 옹호연합모형은 1988년 「정책과학」(Policy Sciences)이라는 학술지에 처음 발표되었는데, 이후 몇 차례의 수정과 보완이 이뤄졌다<그림 12.1>.

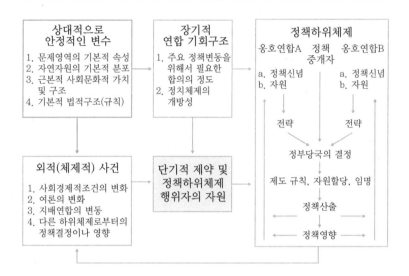

▼ 그림 12.1 옹호연합모형(2005년)

* 자료: Sabatier & Weible(2007: 202)

옹호연합모형의 기본적 전제는 다음과 같다.[2] 1) 정책변화과정을 이해하는 데에는 10년 이상의 기간이 필요하다. 2) 정책변화에 대한 분석단위로 정책하위체계(policy subsystem)가 설정된다. 3) 정책하위체계에는 다양한 수준의 정부에서 활동하는 행위자가 포함된다. 포괄하자면, 정통적 철의삼각 행위자인 행정부, 의회위원회, 이익집단뿐만 아니라 언론인, 연구자, 정책분석 등도 속한다. 4) 정책하위시스템 내에는 신념체계(belief system)를 공유하는 정책옹호연합(advocacy coalition)이 있으며, 이러한 옹호연합들은 그 신념체계에 따라 정책을 추진하려고 노력한다.

■ 주요 구성요소

모형의 구성요소는 크게 정책하위체계의 외부요인과 내부요인으로 나눠 설명할 수 있다.

외부요인은 다시 상대적으로 안정적인 변수와 외적(체계적) 사건으로 나눠볼 수 있다. 상대적으로 안정적인 변수에는 문제영역의 기본속성, 자연자원의 기본적 분포, 기본적 사회문화적 가치와 사회구조, 기본적 법적구조 등이 포함되는데, 이러한 안정적 변수들은 거의 변화하지 않으면서 정책대안의 범위를 한정시키고 정책하위시스템의 자원과 신념체계에 영향을 미친다. 결과적으로 안정된 변수들은 주요 정책변동에 필요한 합의의 정도나 정치체제의 개방성 등에 따라 장기적 연합기회구조를 만드는 원인으로 작용한다.

외적(체계적) 사건으로서 사회경제적 조건의 변화, 여론의 변화, 정치체계의 지배연합의 변동, 다른 하위체계로부터의 정책결정과 영향 등이 포함된다. 이는 단기간에도 정책하위체계에 영향을 줄 수 있는 요인으로 역동적인 정책변동을 이끌어낼 수 있다. 다시 말해 외적 사건들은 단기적으로 하위체계의 행위자들을 제약하거나 지원하면서 정책하위체계 내에 영향을 미친다.

정책하위체계 내부에는 여려 행위자들이 이루고 있는 다수의 옹호연합과 그들의 정책신념과 자원이 존재하게 된다. 옹호연합을 이해하기 위해서는 내부요인에 대해서 좀 더 구체적으로 살펴볼 필요가 있다.

■ 개인과 신념체계

옹호연합모형에서 전제로 하는 인간(individual)의 모습[3]은 인지적 제한을 가지고 제한적으로 합리적(boundedly rational)이며, 신념체계를 통해 지각을 여과(perceptional filters: 거슬리는 정보는 걸러내고, 믿는 정보만 더욱 강화)하며, 이득보다는 손실에 민감하고, 승리보다 패배를 오래 기억하는 존재이다. 신념이 다른 행위자들 간에는 동일한 정보도 다르게 해석함으로써 불신이 심화되기에 자신의 신념을 정책으로 전환하는 데에는 개인의 능력에 제한을 느낀다. 따라서 신념에 따라 옹호연합을 형성하고 옹호연합 내에서는 결속을 강화하고 상대 연합에 대항할 전략을 개발한다.

개인이 가지는 신념은 크게 3가지의 위계적 구조를 지니고 있다. 가장 깊은 수준으로는 규범적 핵심신념(deep core beliefs)이 있다. 이는 인간의 본성, 근본가치에 대한 우선순위, 정부와 시장의 역할, 의사결정의 참여 범위 등에 대하여 규범적이고 존재론적인 가정(normative and ontological assumption)을 포함한다. 매우 광범위하고 안정적 신념으로 변화가 어려우며 여러 정책하위체계에 적용된다. 다음 수준으로 정책핵심신념(policy core beliefs)은 규범적 핵심신념을 특정 정책영역에 적용한 개념인데, 정책하위체계에서 옹호연합을 확인할 수 있는 준거가 된다. 이는 서로 다른 정책가치들 간의 우선순위, 행위자들 간의 적절한 역할, 정책문제 간의 상대적 심각성과 원인 등을 구분시켜준다. 정책핵심신념 역시 변화되기가 쉽지 않다. 마지막 수준으로, 이차적 신념(secondary beliefs)은 상대적으로 실질적이며 지리적으로도 좁게 나타나는 신념이다. 도구적 속성과 경험적 기반이 강하며, 변화가 비교적 용이하여 옹호연합 간에 타협의 대상이 되는 영역이다. 주로 세부규칙이나 예산의 적용, 특정지역의 문제나 법제 등과 관련된다.

이러한 개념을 종합해볼 때 옹호연합은 "정책핵심신념을 공유하면서 상당한 정도의 조정에 개입되는 행위자들로 구성"된다고 말할 수 있다. 정책하위체계 내에서 행위자들은 자신의 신념을 정책으로 구현하기 위하여 동맹(allies)을 찾아 자원을 교환하고, 전략을 개발한다. 또한 상대에게 질 것을 두려워하여 유사한 정책핵심신념을 가진 행위자들과 옹호연합을 맺고 옹호연합 내에서의 협력을 강화(devil shift)한다. 정책과 연계된 옹호연합을 모색하는 데 필요한 자원의 유형으로는 정책결정을 할 수 있는 공식적인 법적 권한, 공공 여론, 정보, 동원 가능한 병력, 재정 자원, 뛰어난 리더십 등이 제시될 수 있다. 일반적으로 정책하위체계 내에는 대개 2개에서 5개 정도의 옹호연합이 존재한다고 본다.

■ 신념에 따른 옹호연합과 정책변동

옹호연합모형에서 제기하는 정책변동의 원인은 다음과 같다.[4] 먼저 외적 충격(external shock)으로, 외부로부터 발생된 중대한 사건(events)이 있을 수 있다. 이 경우 공중과 주요한 정책결정자의 관심을 끌어 자원을 이동시키면서 옹호연합 간의 힘의 균형을 변화시켜 정책변동을 야기할 수 있으며, 혹은 지배연합이 가진 정책핵심신념의 구성요소를 변화시켜 정책변동을 가져올 수 있다. 이러한 외적 충격으로는 사회경제적 조건의 변화, 지배연합의 변동, 다른 하위체계로부터의 영향이나 재난 등이 있다.

다음으로 정책지향학습(policy-oriented learning)이 있을 수 있다. 정책목표를 달성하거나 수정하는 것과 관련하여, 경험이나 새로운 정보로부터 비롯된 사고방식이나 행동으로 말미암은 것으로 지속적인 변화를 가져온다. 정책지향학습은 장기간에 걸쳐 정보가 점진적으로 축적되어서 발생한다. 규범적 핵심신념이나 정책핵심신념에 비해 이차적 신념이 정책지향학습에 반응적이다.

내적 충격(internal shock) 역시 중대한 정책변동을 가져올 수 있다. 내적 충격은 외적 충격과 같이 주요한 정치적 자원을 재분배시킨다. 이러한 자원의 재분배는 정책하위체계에서 권력구조를 변화시킨다. 또한 소수 옹호연합에서의 내적 충격은 더욱 결속케 하여 정책핵심신념을 더욱 확신시킬 수 있지만 지배적 옹호연합에서의 내적 충격은 그들의 신념에 대한 의문을 키울 수 있다.

협상된 동의(negotiated agreements)는 정책지향학습 개념과 대안적 분쟁해결이론(ADR, akternative distribute resolution)을 결합한 것으로 조합주의체계 등에서의 사례에 적합한 개념이다. 협상된 동의의 요소로서 진지한 협상을 위한 인센티브, 가능한 많은 집단의 참여, 리더십, 합의적 의사결정 기준, 자금조달, 지속과 몰입, 경험적 이슈, 협상자들 간에 이뤄진 신뢰, 대안의 희소성 등이 있을 경우 정책변동이 나타날 수 있다.

정책하위체계 내에서 정책중개자(policy broker)의 역할에도 주의를 기울일 필요가 있다. 이는 옹호연합 간에 나타나는 갈등을 중재하는 제 3자로, 옹호연합 간의 갈등을 최소화하여 합리적인 타협을 이루도록 하는 것에 관심이 많다. 정책중개자로는 의회, 행정관료, 사법부를 비롯하여 각종 중재위원회 등이 포함된다. 정책중개자는 각 옹호연합의 이해관계로부터 독립적이고 중립적일 필요가 있겠으나, 실질적으로 얼마나 중립적일 수 있는지는 사례에 따라 다르게 나타난다.

 심화학습 ─────────────────────

여러 정책모형 가운데 옹호연합모형은 각국에서 나타나는 정책결정과정을 설명해주는 모형 중 하나로 활용되고 있다. 그런 면에서 옹호연합모형의 적실성에 대해 신중히 검토해볼 필요가 있다. ACF의 틀을 다양한 국내 정책결정 사례에 적용한 논문들을 비롯해, ACF의 이론적·실천적 적실성을 검토하고 그 한계를 극복하기 위한 문제제기가 이루어지고 있다.[5] 특히, 한국을 포함한 동아시아 및 정치적 안정성이 낮은 국가들에서는 장기간의 연합이 어렵다는 점이 지적되고 있고,[6] 국가 및 지역 맥락에서 ACF 내의 주요 개념인 정책중개자의 역할과 대상에 대한 관심[7] 등은 지속적으로 규명해야 할 연구대상이 되고 있다. 나아가, 옹호연합모형을 추가적인 분석도구를 통해 분석가능하다는 점 역시 관심 가질 연구영역이다.[8]

주석

1. Sabatier and Weible, 2007: 189.
2. Sabatier 1993: 16−20; Sabatier and Weible, 2007: 192.
3. Sabatier and Weible, 2007: 194−203; 김순양, 2010: 43−44.
4. Sabatier and Weible, 2007: 198, 204−207; 김순양, 2010: 44−46.
5. 김순양, 2010: 55−65.
6. 서인석, 2010.
7. 서인석·조일형, 2014.
8. 김정훈·권기헌, 2012; 김정훈, 2017.

Chapter 13

정책혁신과 정책확산

Chapter 13

정책혁신과 정책확산

무상급식은 2011년 최고 화두 중 하나였다. 오세훈 시장이 무상급식을 두고 시장직을 걸었을 만큼 중요한 이슈로 기억된다. 무상급식은 현재 서울시를 필두로 부산, 대구, 울산, 강원도 일부 등 서울만이 아닌 다수의 지역이 채택하고 있는 지방자치단체 복지정책 중 하나가 되고 있다.

유사하게 출산장려금 정책은 각 지방자치단체가 각각의 조례를 통해 출산장려를 위해 결정한 정책이다. 경기도의 경우 출산장려금 정책은 2004년을 시작으로 2012년까지 31개의 시·군이 모두 정책을 도입해왔다. 인천시 역시 이러한 취지에서 2011년 출산장려금 지원 조례를 제정하고 첫째 아이를 낳을 경우 100만 원, 둘째 200만 원, 셋째 300만 원을 지급했었는데, 2015년 말 출산장려금 제도를 5년 만에 폐지하기로 하였다. 인천시는 1년에 최소 30억 원이 넘게 소요되는 비용을 감당할 수 없어 제도를 폐지한 것이다.

일반적으로, 무상급식과 출산장려금 정책 모두 각 지방의 필요에 의해서 고려된 정책이라 생각해볼 수 있으나, 인천시처럼 5년 정도의 재정적인 여건도 확인하지 않고 정책이 이루어졌다는 건 언뜻 이해하기 어렵다. 경남지역에서 홍준표 전 지사가 무상급식을 실시하지 않기로 한 것 역시 상당한 이슈였으나, 어쩌면 무상급식이 이루어지는 것 그 자체가 당연한 것으로 인식된 측면도 있었다.

지역의 필요에 의해서 정책이 만들어지는 것이 정책형성의 기본적인 논리라면 위와 같은 사례들은 대체 어떻게 이해해야 하는 것일까? 지방정부에서는 다른 지역 또는 다른 나라에서 하고 있는 우수한 정책을 도입하는 경우가 많다. 성공한 사례는 정책과정에서의 다양한 비용을 감소시킬 수 있으며, 성공에 대한 가능성이 높다고 인식될 수 있기 때문이다. 또한 새롭게 시도되고 있는 정책은 성공 여부와 별개로 희망과 기대감을 통해 정책으로 결정되고 시행될 수 있다.

혁신적인 정책이 신속하게 다른 지역으로 확산되는 정책현상을 정책혁신 및 확산이라고 한다. 정책확산이론에서 혁신은 새롭게 인식된 아이디어가 다른 정책결정자에 의하여 채택되는 것이다.[2] 확산은 혁신이 시간이 지남에 따라 다양한 방식을 통해 사회에 수용되는 과정이라 할 수 있다.[3] 따라서 정책혁신의 확산이란 일정지역에서 어떤 정부에 의하여 새롭게 개발 또는 도입된 정책이 다른 정부 단위들에 의하여 받아들여져서 정책을 채택한 정부의 수가 늘어가는 과정이라 할 수 있다.[4]

정책혁신과 정책확산에 대한 베리와 베리(Berry and Berry)의 연구도 주의 깊게 살펴볼 필요가 있다.[5] 그동안 정책혁신에 관한 연구는 대개 내부결정요인과 확산모형으로 나눠볼 수 있었다. 혁신을 이끄는 요인으로 전자는 정부 내의 정치·경제·사회적 특성을 중시한 반면 후자는 다른 (주)정부의 정책을 모방함으로써 정책을 채택한다고 본 것이었다. 이에 베리와 베리는 통합모형을 개발하고 검증방법으로 사건사분석(EHA: event history analysis)을 도입하여 학계의 주목을 받았다.

이들은 통합모형의 종속변수를 주정부가 t년도에 정책을 채택할 확률로 놓았는데, 이를 설명할 독립변수들은 다음과 같았다. 첫 번째 독립변수는 t년도에 어떤 주정부에 미치는 확산효과로서, 중앙정부 혹은 다른 주정부의 조치를 측정한 값이다. 두 번째 독립변수로는 t년도에 어떤 주정부 관료의 혁신동기를 나타낼 수 있는 변수로, 문제의 심각성이나 여론의 특성 혹은 선거의 경쟁정도 등을 들 수 있다. 세 번째 독립변수로는 장애물과 이를 극복할 수 있는 가용자원을 나타내는 변수로, 경제력 수준이나 입법자의 전문성 혹은 정책창도자의 존재나 옹호연합 세력 등을 들 수 있다. 네 번째 독립변수로는 정책채택 확률에 영향을 주는 다른 정책의 존재여부를 제시할 수 있다.

또한 베리와 베리는 1990년 통합모형을 통해 어떤 미국 주에서의 복권제도 도입확률에 대한 연구를 진행하면서 사건사분석방법을 활용하여 이를 검증하였는데, 이후 EHA는 다양한 정책분야에서 적용되고 있다.

■ 정책혁신에 대한 외부요인 모형

외부요인 확산모형의 관점에서는 정부가 지역 내에 발생한 사회문제를 해결하기 위해 인접지역을 포함한 다른 정부의 정책을 모방할 수 있음을 강조한다. 워커(Walker, 1969: 890)는 의사결정에 관한 사이몬(H. Simon, 1957)의 만족모형(satisficing model)을 인용하면서, 지방정부의 정책결정자들은 그들의 정책결정과정을 단순화시키기 위해 끊임없이 인접지역의 정부정책에서 계기를 찾으려고 노력하는

것으로 본다. 그런데 워커(Walker, 1973)에 따르면 주정부 정책결정
자들 간의 상호작용에 있어서의 지역적 장애(regional barrier)가 있
기 때문에 정책혁신이 전국적 수준에서 확산되는 것이 아니라 지역
적 확산(regional diffusion) 현상이 나타난다는 것이다. 이러한 맥락
에서 다른 연구에서도 지역의 지도적 위치에 있는 주정부(regional
leader states)에서 어떤 정책을 채택하면 인접지역의 주정부에서 이
를 모방하여 채택하는 패턴을 밝히고 있다.[6] 한편 베리와 베리는 주
정부는 인접지역 정부가 새로운 조세제도[7] 또는 복권제도[8]를 채택했
을 경우에 인접지역 정부가 선택하지 않은 경우에 비해 해당 제도
를 더 쉽게 채택한다는 것을 확인하였다. 이와 같이 어떠한 지방정
부도 자신을 둘러싸고 있는 인접지역 정부의 영향으로부터 독립적
으로 존재할 수 없기 때문에 정책의 채택에 영향을 미치는 요인으
로서 인접지역 정부와의 관계를 빼놓을 수 없다는 것이다. 외부요
인 모형의 관점에서 무엇보다 인접정부의 영향을 강조한다는 점에
서 지역확산모형(regional diffusion model)이라고도 한다.[9] 반면 그레
이(Gray, 1973)의 연구에서는 인접지역 정부가 영향을 미치는 정도
는 인권, 복지, 교육 등 이슈영역에 따라 다르고 경우에 따라서는
연방정부의 영향도 강하게 받기 때문에 확산현상은 인접지역보다
국가적인 수준에서 이루어진다고 지적하기도 하였다.

　그런데 이러한 확산 또는 모방현상은 한 국가 내에서 하위정부에
서 만이 아니라 국가 간의 관계에서도 나타난다. 예를 들면, 사회보
장제도의 채택 및 확산에 관한 연구들에서도 인접국가 간에 공간적
전파(spatial diffusion)의 효과가 큰 것으로 분석되었다.[10] 이와 달리,
국민연금제도의 내용적 확산에 대한 연구에서는 인접국가, 식민지
경험 보다는 오히려 공통언어의 효과가 가장 두드러지게 확인되기
도 하였다.[11] 공공의료보험의 적용범위와 보건의료지출의 수준에 영

향을 미친 요인에 관한 국가 간 비교연구에서도 WHO나 ILO 등 국제환경적 요인의 영향이 크다는 점이 지적된 바 있기도 하다.[12]

■ 정책혁신에 대한 내부요인 모형

내부요인 확산모형의 관점에서는 지방정부에서 혁신의 채택여부를 다른 설명변수를 도입하고 설명을 시도한다. 혁신의 채택을 설명하는 요인은 혁신자체의 성격이나 혁신의 채택주체가 개인, 집단, 정부 등 어느 것인가에 따라 달라질 수 있다.[13] 그런데 지방정부가 채택의 주체인 경우 이 모형에서는 지방정부의 정책결정자로 하여금 그러한 정책을 채택하도록 하는 요인이 지방정부의 정치적, 사회경제적 특징인 것으로 가정한다. 예를 들면, 캐논과 바움(Cannon & Baum, 1981)은 미국 주정부의 혁신성과 인구, 공업화, 도시화 등 인구통계학적 변수를 관련시켰다. 베리와 베리(1990)는 미국 주정부에서의 복권제도의 채택여부를 설명하기 위한 설명변수로 주정부의 재정상태, 선거주기, 주민소득수준, 주민의 종교, 집권정당 등의 요인을 활용하였다. 그런데 이와 같은 내부적 결정요인모형(internal determinant model)에서 사용되는 설명변수들은 정부지출의 수준으로 측정되는 공공정책의 결정요인에 관한 연구에서 사용되는 설명변수와 유사하다. 미국에서는 주정부 및 지방정부 예산지출의 결정요인에 관한 연구가 활발하였는데,[14] 핵심은 지방정부의 정책수준 및 그 변화를 설명하는 데 있어서 정치적 요인과 사회경제적 요인이 모두 중요한 인자라는 점이다.

■ 정책혁신 분석과 EHA

정책혁신은 특정 시점에서 어떤 지방자치단체가 새로운 정책을 시작하고, 그 이후 인근지역으로 확산되는 시간적 흐름이 나타난다.

즉, 특정 시점에서의 한 지역의 정책이 이후 인근지역에 얼마나 영향을 미치는지 확률적인 이해가 필요로 되는 것이다. 베리와 베리 (1990)는 복권제도 확산연구에서 도입확률을 사건사분석을 적용하여 분석하였다.

사건사분석(Event History Analysis)은 질병이 발생한 이후 치유되거나 사망하기까지 걸린 시간에 대한 분석을 수행하는 데 주로 사용되는 통계방법의 하나이다. 사건사분석방법은 생명과학분야의 생존분석(Survival Analysis)을 사회과학연구에 응용한 분석방법으로, 특정한 요인들이 분석대상 사건의 발생확률에 유의미한 영향을 주었는지를 분석한다.[15]

베리와 베리는 사건사분석의 쉬운 적용을 위해 몇 가지 방식을 제안하였다. 그들은 분석의 기간단위를 연도(year)를 기준으로 하는 불연속시간모형(discrete time model)을 사용하고, 종속변수(t연도에 정책을 채택할 확률)는 주어진 연도에 채택됨(점수=1) 또는 채택 안됨(점수=0)으로 측정하는 것이다. 일정기간 동안의 주들에 대한 정보는 이항선택 모형을 통해 통계적 추정을 거친다. 사건사분석에서 독립변수들의 상관계수는 특정한 독립변수의 조합을 가진 어떤 주가 주어진 연도에 정책을 채택할 확률을 예측하는 데 사용될 수 있다. 또한, 다른 독립변수가 일정할 때 어느 독립변수의 값의 증가가 정책채택에 미치는 영향력을 추정하는 데 사용될 수 있다.

 심화학습

정책혁신에 관한 연구는 초창기에 내부결정요인모형과 확산모형으로 나뉘어 진행되다가, 지역적·국가적 영향력뿐 아니라 주의 내부특성의 영향력을 동시에 고려하는 모형을 개발해 왔고, 사건사분석방법을 이용하여 모형들을 검증하여 왔다. 또한, 2000년 이후에는 다양한 정부수준에서 연구가 진행되고 있는데 미국 내 하위정부에 대한 연구와 세계 각 지역수준에서의 확산현상을 설명하려는 시도가 있었다. 이 같은 최근의 연구는 통합모형의 광범위한 적용가능성을 보여주는 것이다. 나아가, 통합모형은 어떠한 조건이 새로운 정책의 채택을 촉진 또는 방해하는지에 대한 답을 줄 수 있다는 점에서 유용하다고 볼 수 있다. 예를 들어 다른 지역이 채택했던 정책이 성공했는지 실패했는지를 살펴본 후 정책을 선택할 수도 있고,[16] 한국과 같은 상황에서는 지방자치단체의 장이 큰 힘을 지니고 있기 때문에 이 역시 정책확산의 중요인자가 될 수도 있다.[17]

많은 성과에도 불구하고 통합모형은 정책결정과정 전반에 대한 만족스러운 이론을 만들어 내지는 못하였다.[18] 통합모형은 본래 특정한 정책의 채택가능성을 설명하는 데 초점을 두고 있다는 점에서 다른 정책이론(예: 정책옹호연합)과 구별된다. 따라서 통합모형을 정책이 집행되고 변동되는 시점을 중심으로 설명될 수 있는 부분이 있는가에 대해 천착해보아야 할 것이다.

주석

1. OBS 뉴스, 2015.11.05.
2. 남궁근, 1994: 105; 최상한, 2010b: 92.
3. Eyestone, 1977: 441; Rogers, 2003: 5−6; Karch, 2007; 장석준, 2013: 15.
4. 김대진, 2010: 77; 조일형·권기헌·서인석, 2014: 3.
5. Berry and Berry, 2007: 223−260.
6. Sharkansky, 1970; Grupp and Richards, 1975; Light, 1978.
7. Berry & Berry, 1992.
8. Berry, 1994.
9. Berry & Berry, 1990: 396.
10. Taira & Kilby, 1969 및 Collier & Messick, 1975.
11. Pilcher et al, 1968.
12. 남궁근, 1990.
13. Rogers, 1983.
14. Key(1949), Fabricant(1952), Dawson & Robinson(1963) 등의 연구를 시작으로 Tompkins(175), Lewis−Beck(1977) 등에서 다루어진 바 있다.
15. 김대진, 2015: 14.
16. 조일형·권기헌·서인석, 2014.
17. 하민지·서인석·권기헌, 2011.
18. Berry & Berry, 2007.

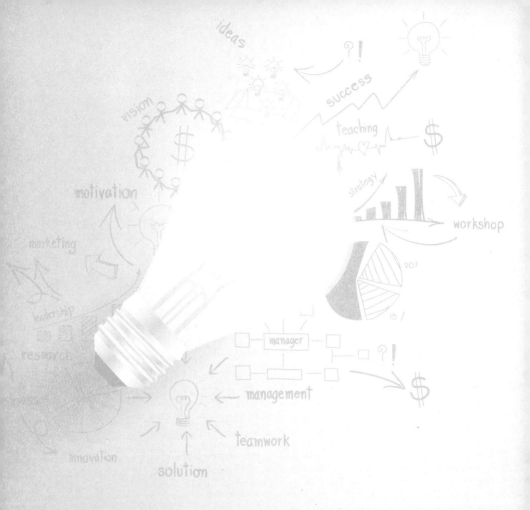

Chapter 14

신제도주의이론

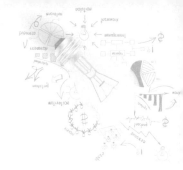

Chapter 14
신제도주의이론

행정학을 공부한 사람이라면 누구나 들어보았을, 우드로 윌슨 (Woodrow Wilson)의 1887년도의 논문 "행정 연구"(The Study of Administration)는 구미 국가들에서의 제도 역할에 초점을 맞춘 논문 이기도 하다. 특히 미국정부가 유럽의 효율적 정부 관료제(제도)를 학습하여 받아들이기를 주장하고 있어서다. 이후 사회과학자들은 제도주의적인 접근방식을 채택하며, 법률 중심적이고 정치구조를 중시한 구조주의(structuralism)를 받아들이고, 역사적 관점에서 국가 와 정치구조를 이해하려 하였으며, 규범적 분석으로 좋은 정부에 관심을 가졌다.

1950년대에는 행태주의 혁명이 일어났다. 형식적인 법률이나 규 칙, 행정구조가 실제의 정치행태와 정책결과를 설명하지 못하고 있 다는 비판에서 비롯된 것이었다. 정부제도의 공식적 속성에만 연구 초점을 맞추기보다 비공식적인 속성으로서 권력의 배분상태, 관료 의 태도, 정치 행태 등 행태적 속성을 살펴볼 필요가 있다는 주장이었다. 다만 이 시대에는 개별 국가를 중심으로 하는 연구보다 국가 간 비교 등을 통해 거대 이론화를 추구했다는 특징이 있었다.[1]

행태주의는 포괄적 이론으로 보편성과 객관성을 강조하다보니 개별 국가의 특수성을 간과하는 연구결과를 가져왔다. 이러한 행태주의에 대한 비판과 반성으로부터 신제도주의는 출발하였다. 이는 1970년대 이후 구미학계를 중심으로 발전된 이론적 패러다임이라고 할 수 있다. 마치와 올슨(March and Olsen)은 신제도주의에 대한 의미를 고찰하며, "원자화된 개인을 상정하고 이러한 개인들의 도구적 행위로부터 모든 사회현상을 설명하려는 기존의 주류 사회과학 이론들과 달리, 개인행위에 대한 공식적·비공식적 제도의 영향력을 강조하는 데 그 특징이 있다"고 하였다. 결과를 형성하는 데 제도가 더욱 독립적 역할을 한다고 본 것이다. 제도 자체가 이해관계를 규정하는 표준운영절차이며 구조의 집합체이기에, 제도를 하나의 정치행위로 볼 수 있다고도 하였다.[2]

신제도주의(new institutionalism)는 다양한 학파로 구성되어 있다. 제도가 무엇인지에 대한 의미로부터, 제도의 중요성, 제도의 차이에 따른 결과의 차이까지 학파마다 다른 시각을 가지고 있다. 학계에서 구분하고 있는 바에 따라 역사적·합리적 선택·사회학적 제도주의로 신제도주의 학파를 나누고 그 특성을 간략히 살펴보도록 하겠다.

■ 역사적 제도주의

역사적 제도주의는 '역사'와 '맥락'을 중시한다. 맥락에 대한 이해 없이 사회와 정책을 설명할 수 없으며, 사회현상이나 정책의 맥락을 형성하는 것이 바로 역사라고 보았다. 따라서 역사적 제도주의 학자는 제도의 형태(forms)와 모습(configuration)에 관한 연구에 보다 집중한다. 제도의 구체적 형태나 모습이 어떻게 다른가에 따라 정책이나 그 결과가 어떻게 달라지는지를 분석하고자 한다. 그리고 이들에게 제도는 역사적 산물이기도 하다. 특정 시기에 만들어진 제도가 오랜 기간 지속됨으로써 사회현상에 지속적으로 영향을 준다고 본다. 이들에게 역사는 단순한 과거가 아니기에, 과거에 일어난 어떤 원인이 현재까지 영향을 미치는 역사적 인과관계(historical causality), 어느 시점의 선택이 미래까지 제약한다는 경로의존성(path dependancy), 사건의 발생시점과 순서에 따라 사회적 결과에 중대한 영향을 줄 수 있다는 역사적 과정을 강조한다. 이로써 역사적 제도주의는 거시적 맥락에서 역사적 과정을 분석한다는 특징을 갖는다.[3]

이들에게 제도란 '정치와 경제 각 부문에서 개인 간 관계를 구조화시키는 공식적인 규칙이자 순응절차, 표준화된 관행'인 것이다. 대표적 학자로 아이켄베리(J. Ikenberry)와 홀(Peter Hall) 등이 있는데, 제도에 대하여 아이켄베리는 '정부차원의 제도, 국가 차원의 제도, 국가와 사회의 관계를 정의하는 규범으로서의 제도'로 나누어 정의하였으며, 홀은 '공공조직 차원의 제도, 국가사회 차원의 제도, 민주주의와 자본주의와 관련된 기본적인 관계로서의 제도'로 나눠 정의하였다. 역사적 제도주의가 제도를 분석하는 눈은 방법론적 개인주의보다 '방법론적 전체주의' 입장을 취한다는 특성이 있다. 따라서 정책은 개별 행위주체들의 전략적 행위로 인한 결과라기보다 정책참여자를 둘러싼 제도적 틀의 산물로서 간주된다. 또한 역사적 제도주의는 중범위이론(midrange theory) 수준의 분석을 지향한다. 이는 국가 간 규칙성을 바라본 거시적 관점과 특정 국가의 개별 사례에 관한 미시적 관점 사이에서 교량 역할을 한다. 그래서 중범위적 제도변수로 노동조합 등 이익집단의 조직이나 정당체제 등을 중

시한다.[4]

역사적 제도주의는 제도적 환경(institutional setting)으로서 역사적 맥락을 중시하며, 개인들의 행위를 형성하고 제약하는 맥락으로서 제도의 중요성을 강조한다. 그러한 면에서 역사적 제도주의는 사회현상을 설명하는 데 있어 경로의존성과 함께 의도하지 않았던 결과(unintended consequences)를 중시 본다. 아이켄베리(Ikenberry, 1988)의 지적과도 같이 "사회관계와 제도를 재형성하는 역사적 전환점(historical junctures)으로서 주목"되기 때문이다. 이러할 때 제도는 환경변화에 유연하게 적용하고 변화해 가는 것이 아니라 간헐적(episodic)으로 매우 급격히 일어난다고 본다. 크라스너(S. Krasner)는 이러한 현상을 단절된 균형(punctuated equilibrium)이라 불렀다.[5]

역사적 제도주의는 각국의 고유한 맥락과 맥락을 형성한 역사의 중요성을 부각시킴으로써 기존의 원자화되고 몰역사적인 설명방식의 한계를 극복하고자 하였다. 다만, 사회현상을 설명하기 위한 변수들을 제시한 것에 비해 검증 가능한 이론적 논의를 엄밀하게 제시하지는 못한다는 비판을 받는다. 제도와 행위 사이의 정확한 인과구조(precise causual chain)를 제시하지는 못하며, 결절된 균형 등과 같은 개념을 사용하지만 제도의 근본적 변화를 초래하는 것이 무엇인지에 대해서는 정립된 이론을 내세우지 못한 한계를 지닌다.[6]

■ 합리적 선택 제도주의

합리적 선택 제도주의의 경우는 경제학에서 코즈(Coase)와 윌리엄슨(Williamson) 등으로 대표되는 거래비용접근에 따른 기업이론(theory of the firm)과 노스(North) 등으로 대표되는 경제사연구, 정치학에서 셉슬(K. Shepsle) 등의 학자로 대표되는 '제도에 관한 실증이론'(positive theory of institution)이 주된 부류이다.

공공선택이론, 사회선택이론, 게임이론, 합리적 행위자모형, 실증적 정치경제학 등등 다양한 호칭을 가진 합리적 선택 이론은 다음의 기본적 가정을 두고 있다. 첫째, 개인(given individual)과 개인의 선호(given preference)에 대한 가정이다. 사회현상을 설명하는 기본적 단위를 개인으로 둔 것이다. 또한 개인의 행위는 자신의 효용을 극대화하기 위하여 합리적 방법을 강구하는 것으로 설명된다. 이들은 모든 사회현상을 개인의 선호·의도·선택에 기초해 설명한다. 이때 개인과 개인의 선호는 주어진 것으로 간주함으로써 방법론적 개체주의(methodological individualism)를 지향한다. 거시적 사회현상에 대해 미시적 기초를 제공함으로써 이들은 사회현상에 대한 정교한 설명을 추구한다. 둘째, 합리성에 대한 가정이다. 각 개인은 모든 선택에 대해 선호의 순서를 정할 수 있는 완전성(completeness)과 C보다 B를 좋아하고 B보다 A를 좋아하면 C보다 A를 좋아한다는 일관성(transitivity)을 지닌다. 셋째, 교환관계에 대한 가정이다. 개인은 원자화된 개체로 존재하며, 개인 간의 관계는 평등한 당사자 간의 교환관계로 이해한다. 넷째, 전략적 상호작용과 균형에 대한 가정이다. 개인은 합리적일 뿐만 아니라 전략적이다. 다른 사람과의 상호작용 가운데 타자의 행동에 대한 판단에 기초해 자신의 행동방향을 정한다. 그 가운데 더 이상 선택을 변경해보아야 더 이상 나아질 수 없는 상태가 발생했을 때 여기에서 균형이 나타난다. 특히 개인 간 상호작용을 둘러싼 다른 조건들이 변화하지 않는 한 균형이 지속될 때 이를 '내쉬균형'(Nash equilibrium)이라고 한다. 다섯째, 보편성의 가정이다. 합리적 선택 제도주의는 이론적용의 보편성을 지향하며 이론의 일반화를 추구하는 특징을 지닌다.[7]

이제 경제학적 입장에서의 신제도주의[8]를 살펴보기 위해서는 먼저 신고전학파 경제학에서의 합리성과 거래비용의 개념부터 이해하

는 것이 필요하다. 신고전학파는 완전한 합리성을 가정하되, 완전한
정보가 존재하지 않거나 인간의 인지능력에 제한이 있을 경우 혹은
정보획득을 위해 소요되는 비용이 클 경우 인간의 행위가 완전하게
합리적이지 않을 수 있음을 전제로 한다. 사이몬(H. Simon)의 제한
된 합리성과 접맥된다고 하겠다. 또한 시장에서 교환관계가 형성되
고 지속되는 데 소요되는 비용으로서 거래비용(transaction cost)을
'0'이라고 가정한다. 따라서 거래비용접근법에서는 거래비용을 낮춤
으로써 경제를 성장시킬 수 있는 제도에 대해 관심이 높을 수밖에
없다.

코즈는 신제도주의 경제학의 효시라고 할 수 있는 "기업의 본
성"(The Nature of the Firm)이라는 논문을 통해 '자발적 교환과 시
장이라는 조정기제에 의존하지 않고 왜 위계적 조직을 만들어 사람
들의 관계를 조정하는지'에 대한 질문을 던졌다. 그리고 시장의 거
래가 이뤄지기 위해서는 가격 등에 대한 정보를 획득해야 하고, 계
약을 협상하고 체결해야 하며, 여러 활동에 비용이 들어가는데 이
러한 거래비용을 줄이기 위해서는 기업(firm)이라는 조직이 요구되
었다는 것이다. 또한 기업은 권위관계에 대한 계약관계를 특징으로
하는데 어떤 계약을 취함으로써 거래비용을 낮출 수 있을 것인가에
따라 '제도'가 나타났다고 답하였다.

윌리엄슨은 코즈의 문제의식을 공유하면서, 거래비용을 줄이기
위한 조직형태로서 기업이 생겨났음에 동의하였다. 다만, 결과가 불
확실하거나 반복적인 거래, 특정 거래에 국한된 투자 등에 대해서
는 기업 내부적인 거래가 더 효율적이란 점을 밝혔다. 따라서 특정
거버넌스 구조가 채택되었다면 이것이 바로 거래비용을 감소시켜
주기 때문이라고 보았으며, 시장에 의한 거래보다 관료제적 조직
내부의 거래가 나타나는 이유도 그러하다고 보았다.

노벨경제학상 수상자인 노스는 경제적으로 발전한 서구국가들과 개발도상국과의 차이를 연구하였는데, 그 가운데 제도에 대한 분석이 필요함을 역설하기도 하였다. 이에 합리적 선택 제도주의는 경제적 차이와 같은 사회적 딜레마를 해결해 줄 방법으로서 게임의 규칙을 만드는 것에도 관심을 두었다. 노스는 제도를 "사회 내부의 게임의 규칙 내지는 인간 상호작용에 대하여 인간이 만든 제약요인"이라고 정의하며 제도의 중요성을 제시하였다. 정치학에서 셉슬의 경우도 제도를 "거래비용을 절약하고 기회주의적 행동을 줄임으로써 협력을 통해 얻을 수 있는 편익을 증진시키는 협력의 구조에 관한 사전적 협약"이라고 정의하며, 합리적 선택 제도주의 학자로서 이를 지지하였다. 다만, 게임의 규칙을 정한다고 그것이 늘 지켜지진 않기에, 주인이 대리인을 감시하고 순응을 유도하는 주인－대리인이론(principal-agency theory)을 제기하기도 하였다.[9]

합리적 선택 제도주의는 제도와 개인 행태 간 관계를 보다 정확하게 개념화했으며 체계적 이론형성이 가능하도록 일반화된 개념들을 개발하였다는 평가를 받는다. 다만, 제도의 비공식적 측면이 무시되거나, 개인의 선호가 어떻게 형성되었는가에 대한 적절한 설명이 없으며, 제도형성에 대해서도 기능주의적 설명만 있고, 역사적 과정과 맥락 그리고 권력관계 등이 무시되었다는 한계를 가진다.[10]

■ 사회학적 제도주의

사회학적 제도주의는 조직론의 한 분야로서 출발하였다. 따라서 개인의 합리성, 의사결정과정, 조직형태의 설계과정 등에 대해 인지적·문화적 요인으로 설명하려는 특징을 가진다. 사회학에서 제도에 대한 관심은 웨버(M. Weber), 드루크하임(Drukheim) 등의 학자들로 대표된다.

이들은 제도가 인간 활동의 결과물이라는 데에는 동의하지만, 의식적 설계의 산물이라고는 하지 않는다. 제도를 경제학적 의미에서의 수단과 목표의 효율성을 추구한 것이라기보다 문화적 상황에서 정당성에 의해 채택된 것으로 이해한다. 조직이론에서의 사회적 신제도주의는 "제도형성과정에서의 사회적 정당성(social legitimacy)을 중요하게 생각하며, 제도에 내재화된 규범(norm)과 신화(myth)의 역할을 강조하고, 더 나아가 개인이 인지과정에서 받아들이는 규칙, 습관, 업무처리과정까지도 제도로서 분석"한다.[11]

사회적 제도주의는 태도, 가치, 문화 등에 대한 관심을 환기시켰다는 장점이 있으나, 제도 자체에 대한 개념의 범위를 지나치게 확대시킴으로써 문화결정론 내지 제도결정론을 야기할 수 있다는 지적을 받는다.

주석

1. 남궁근, 2012: 176－180.
2. March and Olsen, 1984: 738, 747; 하연섭, 2011: 18－19; 권기헌, 2007: 123; 남궁근, 2012: 178－180.
3. 하연섭, 2011: 37, 56－60; 권기헌, 2007: 134.
4. 하연섭, 2011: 44; 권기헌, 2007: 134－135.
5. 하연섭, 2011: 56－58; 권기헌, 2007: 137－139.
6. 하연섭, 2011: 60; 권기헌, 2007: 139－141; 정정길 등, 2011: 747.
7. 하연섭, 2011: 71－77.
8. 하연섭, 2011: 79－77; 김태은, 2014: 138－141, 148－179.
9. North, 1990: 3; 하연섭, 2011: 86－89; 권기헌, 2007: 131－133.
10. 권기헌, 2007: 133; 정정길 등, 2011: 746; 하연섭, 2011: 91－96.
11. 권기헌, 2007: 141.

Chapter 15

합리적 선택과 제도분석(IAD)

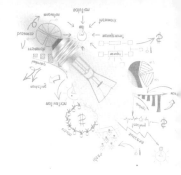

Chapter 15

합리적 선택과 제도분석(IAD)

엘리노 오스트롬(Elinor Ostrom)은 1933년 미국 로스앤젤레스에서 태어나 캘리포니아대학교 UCLA 정치학과에서 학사부터 박사까지 취득한 학자다. 미국 정치학회 최초의 여성 학회장이기도 하였으며, 제도경제학과 공공선택이론의 대가로서 2009년엔 노벨경제학상을 여성 최초로 수상하기도 하였다. 그녀에게는 평생 학문적 동지이자 남편인 빈센트 오스트롬(Vincent Ostrom)이 있었다. 빈센트 오스트롬 역시 캘리포니아대학교 UCLA 정치학과에서 학사부터 박사까지 취득한 학자로, 다양한 사회활동을 전개하며 주로 수자원과 지방정부에 관한 연구물을 남겼다.[1]

엘리노 오스트롬은 2012년에 생을 마감하기까지 '공유지의 비극'(tragedy of the commons)의 해결 방안을 모색한 학자이기도 하였다. 다수의 개인이 공유하여 사용하는 재화로서 잠재적 사용자의 배제가 어렵고(비배제성), 한 개인의 사용량에 따라 다른 사람들의 사용량이 감소(경합성)하는 재화를 공유재라고 한다. 1968년 하딘(G.

Hardin)은 이러한 공유재의 특성을 지닌 목초지에 농가들이 경쟁적으로 양을 방목할 경우 일정기간 동안 농가소득이 증가할 테지만, 결과적으로 목초지가 황폐화되어 자원이 고갈되고 농가 모두의 이익과 생존에 악영향을 주는 공유지의 비극이 발생할 수 있음을 설명하였다. 이는 지금까지도 시장실패를 설명하는 대표적 모형으로 제시되고 있다. 엘리노 오스트롬은 이러한 공유지의 비극을 해결하는 방안을 적극 모색했다.

그녀는 대공황이나 제2차 세계대전으로 인해 물자부족에 허덕이는 공유지의 비극을 직접 체험해본 세대이기도 했다. 그래서 남편과 함께 수자원 관리문제를 연구하기도 했다. 하지만 그녀는 제도로부터 그 해결방안을 찾아보고자 하였다. 공유재의 영역에서 사람들이 비용 지불 없이 자원을 사용하려는 무임승차 행태를 보이고, 결과적으로 공유지의 비극 현상이 나타나는 것을 제도를 통해 설명하고, 이로써 문제를 해결할 수 있는 제도 역시 도출할 수 있을 것이라 생각했다.[2] 2005년도에 출판된 「제도적 다양성의 이해」(Understanding Institutional Diversity)는 이러한 학문적 고민으로부터 나온 엘리노 오스트롬의 대표적 저서로, IAD모형(institutional analysis and development framework)이 소개되어 있다.

엘리노 오스트롬은 사회현상을 제도에 의해 영향을 받는 개인들의 상호작용으로 인한 결과로 제시했다. 따라서 사회현상을 이해하려면 물리적 속성, 공동체 특성, 규칙 등과 같은 외부적 요인에 의한 변수(exogenous variables), 행동의 장(action arena), 상호작용(patterns of interaction)과 평가기준(evaluative criteria) 등 다양한 요소들을 필수적으로 이해해야 한다고 보았다. 이는 전통적 합리적 선택 제도주의의 가정을 완화하고 합리성 개념을 융통성 있게 해석하여, 제도를 '개인선택과 사회현상에 주는 영향을 살펴보는 분석틀'

로서 제시한 것이었다. 더불어 행동의 장에서 벌어지는 개인 간의 상호작용을 분석하기 위해 게임이론의 활용을 강조하기도 했다.

▼ 그림 15.1 IAD의 기본 구조

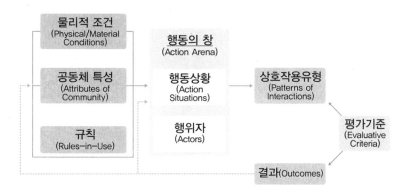

* 자료: Ostrom, E.(2007: 27)

IAD모형은 모든 제도들에 존재하는 구조적 변수(structural varia-bles)의 특성을 파악하려는 의도를 지닌다. 다층적 개념도로 구성된 IAD모형의 기본구조는 <그림 15.1>과 같다.

엘리노 오스트롬(2007)의 설명에 따라 IAD모형은 다음과 같이 요약 정리된다.[3] IAD모형은 무엇보다 제도 내에서의 행동을 분석·예측·설명하는 개념단위로서 행동의 장(action arena)을 파악하고자 한다. 행동의 장에서는 행위자(actor)와 행동상황(action situation)이 나타난다. 행동의 장은 행위자인 개인들이 상호작용을 하고, 상품이나 서비스를 상호교환하며, 문제해결 방안을 놓고 서로 경쟁하는 곳이다. 이곳에서 벌어지는 행동상황은 크게 7가지의 변수들로부터 영향을 받는다. 1) 참가자 2) 지위 3) 결과 4) 행동과 결과의 연계성 5) 참가자들의 통제권한 6) 정보 7) 결과물에 주어지는 비용과 편익 등이다. 또한 행위자(개인이나 기업)는 행위자가 동원할 수 있는 자원이나, 행위자가 행동에 부여하는 가치, 행위자가 지식과 정보를 습득·보유·사용하는 방식, 행위자가 특정 행동을 선택하는 데 사용하는 절차 등에 따라 영향을 받을 것으로 가정된다. 한편, 이러한 행동의 장은 외부적 요인에 의한 변수로서 물리적 조건(현실세계의 특성), 공동체의 특성, 규칙 등에 영향을 받는다.

　행위자인 개인은 호모 에코노미쿠스(homo economicus)의 특성을 갖는다고 본다. 즉, 선호도의 순서가 완벽하게 정해져있고 완전한 정보를 지니며 자신에게 기대되는 이익을 극대화한다고 가정한다. 모형은 신고전학파 경제학(neo-classical economics)과 게임이론에 바탕을 두고 있다. 모형은 이러한 행위자에 대한 가정과 행동상황의 구조를 바탕으로 행동의 장 내부에서의 상호작용 결과(의사결정 내용)를 제도분석을 통해 예측해보고자 한다.

　평가기준은 상호작용유형과 결과에 대한 패턴을 설명하는 기준으로 작용한다. 경제적 효율성(economic efficiency)이나 재정적 동등성(fiscal equivalence: 공헌한 만큼 얻는다는 평등성과 지급능력의 차이를 인정), 재분배의 형평성(redistirbutional equity: 보다 가난한 개인에게 재분배), 책임성(accountability: 공직자의 책임), 일반 도덕수준(conformance to general morality), 적응성(adaptability: 변화하는 환경에 제도의 적응성) 등이 평가기준으로 제시될 수 있다.

　행동의 장은 종속변수로도 작용할 수 있다. 이 경우 물리적 조건, 공동체 특성, 규칙 등 외부적 요인에 의한 변수들이 행동의 장에 영향을 주는 독립변수로 작용한다.

　물리적 조건은 현실세계의 특성으로 행동의 장에 영향을 미친다. 실제로 어떤 행동에 의해 어떤 결과가 발생하는지, 행위자의 정보체계에 어떠한 내용이 들어있는지 등은 현실세계의 특성으로 위치

한다. 특히 어떠한 재화가 공공재인가 사적재[4]인가 하는 물리적 속
성은 무임승차와 같이 개인의 행위에 영향을 준다.

공동체의 특성 역시 행동무대에 영향을 주는 중요한 변수로서 작
용한다. 특별히 엘리노 오스트롬은 IAD모형을 내놓기 이전부터 공
유지의 비극을 해결할 방안으로 공동체의 특성을 매우 중요한 변수
로 제시해왔다. 공동체는 그 특성으로서 공동체에서 수용 가능한
행동기준을 제시해 준다. 참가자들이 행동무대의 구조에 대하여 상
호 이해하는 수준으로서의 규범(norms)을 제시해 준다. 공동체 거주
자 간에 선호도의 동질성(homogenity) 정도가 있으며, 이는 문화라
는 용어로도 적용된다. 이해관계자 간 자원배분도 나타난다. 특히
공유재를 이용하는 모든 사람들이 공동의 가치를 공유하고 다양한
제도를 서로 이해할 때, 자원을 규율하는 규범을 발전시킬 확률이
커질 것이다. 이런 사회에서는 약속을 잘 지킨다는 평판을 얻는 것
을 중요시하며, 감시나 제재 등으로 들어가는 비용을 상대적으로
낮춘다. 반대로 이용자들이 다양한 사회 출신이고 불신이 높으면
효과적인 규칙을 정하여 유지하는 것이 어려워질 것이다.

규칙의 경우 그 개념에 유의할 필요가 있다. 규칙은 어떠한 행동
이 허용되거나 금지되는 데 대한 강제조건들을 담은 양해내용으로
서 공유된다. 이에 제도분석가는 개인이 의사결정을 할 때 사용하
는 운영규칙(working rules)을 파악할 필요가 있다. 어떠한 개인이
참가자들에게 자신의 행위를 설명하고 정당화할 때 사용하는 것이
그러한 규칙들이기 때문이다. 특별히 행동상황에 영향을 주는 운영
규칙으로는 행동의 장으로의 진출이나 탈퇴에 대한 규칙, 지위에
관한 규칙, 범위에 관한 규칙, 행동의 통제수준으로서의 규칙, 정보
에 관한 규칙, 결과의 편익과 비용에 따른 특정행동의 유인과 억제
에 대한 규칙 등이다. IAD모형은 또한 자격권한이나 보상함수 등을

통해 이러한 규칙들이 개인의 행동에 영향을 준다고 본다.

제도분석은 개인의 행동의 장에 영향을 주는 요인들을 심층 분석하고 더불어 연결된 행동의 장들(linked arenas)을 상세하게 조사함으로써 모형을 한 단계 더 발전시켰다. 실제 현실세계에서는 행위자들이 단일의 장(single arena)에만 참가하기보다, 다수의 장들(multiple arenas)에서 순차적으로나 동시적으로 연결되어 나타난다고 보는 게 합당하다. 만약 기존과 다른 유형의 행동을 유도해보려

▼ 그림 15.2 분석의 단계와 결과

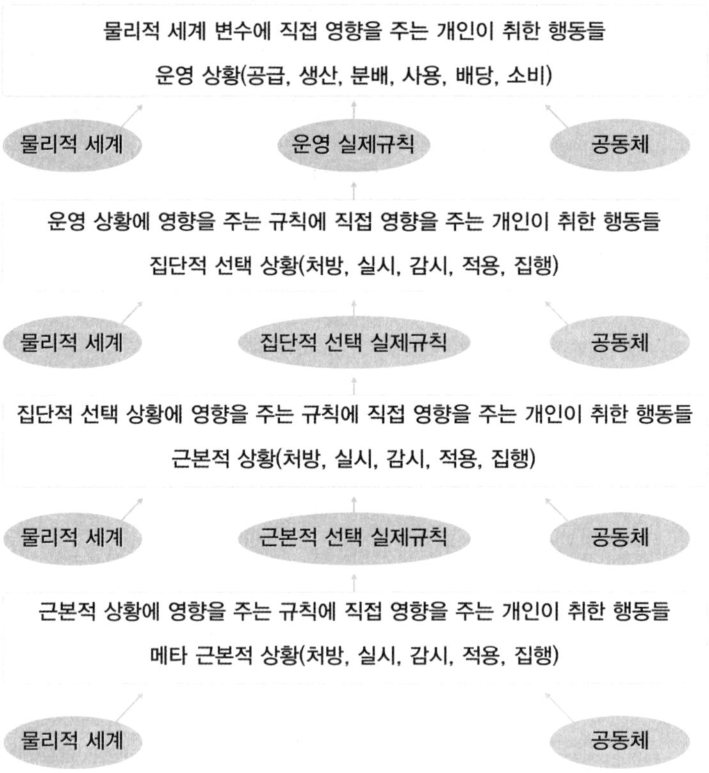

물리적 세계 변수에 직접 영향을 주는 개인이 취한 행동들
운영 상황(공급, 생산, 분배, 사용, 배당, 소비)

물리적 세계   운영 실제규칙   공동체

운영 상황에 영향을 주는 규칙에 직접 영향을 주는 개인이 취한 행동들
집단적 선택 상황(처방, 실시, 감시, 적용, 집행)

물리적 세계   집단적 선택 실제규칙   공동체

집단적 선택 상황에 영향을 주는 규칙에 직접 영향을 주는 개인이 취한 행동들
근본적 상황(처방, 실시, 감시, 적용, 집행)

물리적 세계   근본적 선택 실제규칙   공동체

근본적 상황에 영향을 주는 규칙에 직접 영향을 주는 개인이 취한 행동들
메타 근본적 상황(처방, 실시, 감시, 적용, 집행)

물리적 세계   공동체

* 자료: Ostrom, E.(2007: 45)

고 보상체계(incentives and deterrents)를 바꾸려할 때, 참가자들은
자신들의 상호작용을 규율하는 규칙을 변경함으로써 결과를 달리
가져가려고도 할 수 있을 것이다.

따라서 행동과 결과에 영향을 주는 바에 따라 단계별로 규칙을
구분하여 분석하는 것이 바람직할 수도 있다<그림 15.2>. 이를
설명할 수 있는 예로, 시장은 조직간 규칙에 따라 조정되고 운영되
는 조직으로서 가장 많이 연구되는 제도이기도 하다. 다수의 참가
자들이 정해진 규칙들에 따라 상호 경쟁하고, 행위자들 간에 발생
되는 복잡한 행동들을 조정하고 운영한다. 공공재나 서비스를 생산
할 때에도 책임성이나 효율성을 확보하기 위해 둘 이상의 잠재적
생산자 사이에 경쟁을 유발하는 규칙을 마련한다면, 이는 책임성이
나 효율성의 평가기준으로 볼 때 좋은 제도로 제시될 것이다.

▼ 그림 15.3 공식적·비공식적인 집단적 선택의 장에서의 관계성

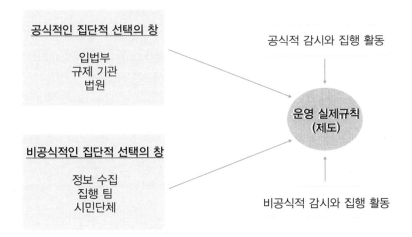

* 자료: Ostrom, E.(2007: 46)

한편, 공식적인 집단적 선택의 장과 비공식적인 집단적 선택의 장은 구분될 필요가 있다. 집단적 선택 수준, 헌법적 수준, 초헌법적 수준에서의 활동은 규칙의 처방, 감시, 적용, 집행을 모두 포함할 수 있다. 행동의 장이라는 개념이 공식적 조직을 의미하지는 않지만, 의회나 법원을 포함할 수는 있을 것이다. 운영단계에 필요한 규칙을 결정하는 것은 <그림 15.3>에서처럼 하나 이상의 집단적 선택의 장(collective choice arenas)이다.

 심화학습

제도주의는 사회문제를 해결하고 인간의 존엄성을 지향하는 정책학 연구에서 차지하는 비중이 크다. 그 가운데 합리적 선택 제도주의는 경제학적 배경 하에서 제도에 관심을 갖는다는 점에서 현대 사회에 대한 적합도가 크다. 특히 IAD모형을 어떻게 활용할 것인가는 학술적으로 매우 중요한 이슈가 될 수 있다.

엘리노 오스트롬은 도시나 경찰서비스를 예로 들면서 공공서비스 영역에서 IAD모형의 현실 적합성을 키울 수 있다고 제시하였다.[5] IAD모형이 한국의 현실에 적용 가능한지를 검토해보는 것은 의미 있을 것이다.

주석

1. 권기헌, 2013: 157; 정철현, 2008: 315.
2. 권기헌, 2013: 152 – 153.
3. 이후로는 Elinor Ostrom(2007: 26 – 46)의 설명을 중심으로, 모형의 특성을 요약하였다.
4. 공공재(public goods), 공유재(common – pool resources), 사적재화(private goods)의 차이

구분	배제성	경합성	종류
공공재	X	X	공원, 국방서비스 등
공유재	X	O	목초지, 저수지(호수) 등
사적재화	O	O	주택, TV 등 일반 제품

5. Elinor Ostrom, 2007: 46 – 51.

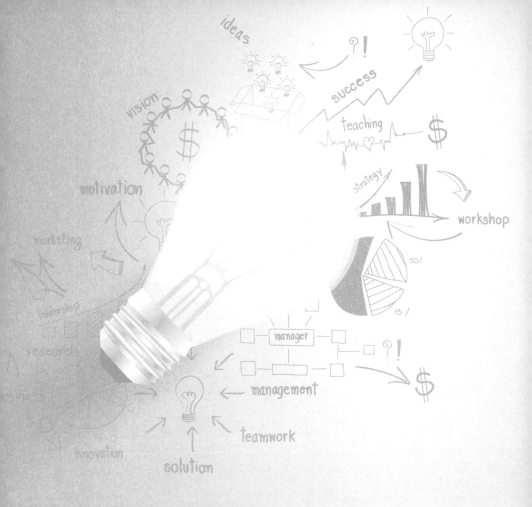

Chapter 16

거버넌스이론

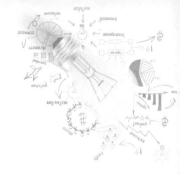

Chapter 16
거버넌스이론

거버넌스(governance)는 외래어이면서도 일반인에게까지 친숙하게 사용되는 용어다. 그러나 학문적으로 탐구할 때에는 참으로 쉽지 않은 개념이다. 어떤 수업에서는 학생이 거버넌스라는 말을 함부로 사용했다가 엄한 교수님에게 혼쭐이 났다는 이야기도 있다. 단어의 유래는 조정(pilot or steer)을 의미하는 'kubernan'이라는 그리스어 동사라고 한다. 통치와 정부를 뜻하는 거번먼트(government)와 거버닝(governing)도 같은 어원이다.[1] 그렇다면 학술적으로 거버넌스의 개념은 어떻게 이해해야 할까?

거버넌스는 그 정의로부터도 다양하다.[2] 먼저 최광의의 정의로서 공통문제 해결기제로서의 거버넌스를 제시할 수 있다. "특정 형태의 문제해결방법이기보다는 조직, 사회체제, 국가 전체 등과 관련된 문제를 해결하는 다양한 방법들을 포함한 포괄적 개념"으로 거버넌스를 파악한 것이다. 로즈(Rhodes)는 '기업이나 국가의 감사 투명성 정보공개 등을 강조하는 기업지배구조 거버넌스(corporate gover-

nance)와 좋은 거버넌스(good governance), 정부관료제에 민간경영
기법을 도입하거나 효율성 제고를 지향한 신공공관리론(New Public
Management), 정부와 시장과 시민사의 간 경계변화를 강조한 신정
치경제(new poitical economy), 단일권력 중심의 부재를 중시한 국제
적 상호관계, 그리고 사회─사이버네틱 체계, 네트워크' 등 7가지로
거버넌스의 유형을 구분하기도 하였다. 최광의의 측면에서 거버넌
스의 출발점은 구성원들의 권리와 의무 등을 규정하는 규칙에 의한
지배(rule of law)라고 할 수 있다. 즉, 해당 거버넌스 차원에서 구성
원 모두는 주어진 규정에 따라 행동한다는 가정이 기저에 깔려있다.

광의의 정의로서 거버넌스는 정부와 관련된 공통문제의 해결기제
로서 제시된다. 이때 거버넌스는 공적 관심사에 대해 권력이 행사
되고, 시민의 의견이 제시되며, 의사결정이 이뤄지는 전통이나 제도
혹은 절차라고 할 수 있다. 광의의 차원에서 거버넌스는 지극히 정
치적 성격을 갖는다. 다양한 이해관계에 따라 참여자들이 서로 협
상하고 타협하며, 이슈에 따라 승자와 패자가 존재하게 된다. 거버
넌스에는 정책의 결정과 집행 등에 대한 다양한 행위자들의 결정,
비공식적 영향력, 제도 등이 나타난다. 특히 피에르(Pierre)는 '사회
체제의 조정(cordination) 측면에서 정부 역할'과 관련된 것으로 거
버넌스를 정의했다. 피에르에 의하면, 정부가 주도적인 역할을 하는
기존 거버넌스(old governance)와 구분되며 정부와 시민사회 간 파
트너십과 네트워크 등이 강조되는 의미로서 신 거버넌스(new gov-
ernance)라는 개념으로 제시될 수 있다. 이와 같은 맥락에서 윌리엄
스(Williams)는 사회전체 차원에서의 방향잡기(steering) 혹은 지도
(directing)라고 거버넌스를 제시하기도 하였다.

협의의 개념으로 거버넌스는 신 거버넌스로서의 거버넌스로 정의
될 수 있다. 시민의 역할을 수동적으로 정부서비스를 제공받는 소

비자 개념에서 정부서비스의 공급과정에까지 참여하는 적극적인 존재로 보며, 시민을 '주인'으로서 재정립한다는 의미를 갖는다. 거버넌스는 시장 무정부상태(market anarchy)나 조직 계층제(organazational hierarchy)의 대안적 형태로서의 조정기제(coordination mechanism)로 여겨진다. 계층제적 상태를 거부하고 조직단위 간에 호혜적이고 수평적인 상호의존성을 강조하기에 복합조직 거버넌스, 공유 거버넌스라는 용어를 사용하기도 한다. 협의의 거버넌스는 또한 네트워크를 강조하며, 정부의 명령에 따르는 것이 아니라 정부와의 협상 결과로 네트워크가 형성되는 것이라고 본다.

■ 거버넌스이론의 유형

학자에 따라서 거버넌스를 다양한 관점으로 접근하고 있기에, 주요 학자들의 거버넌스 유형분류를 세부적으로 살펴볼 필요가 있다. 여기에서는 피터스(Guy Peters, 1995)의 네 가지 정부 모형과 피터스와 피에르(G. Peters and Pierre, 2005)의 다섯 가지 모형, 뉴먼(J. Newman)의 분류, 쿠이만(J. Kooiman)의 세 가지 유형 등을 집중적으로 살펴볼 것이다. 이러한 분류로써 거버넌스의 학술적 의미도 구체적으로 체득해보고자 한다.[3]

1995년 출간된「미래의 국정관리」(The Future of Governing: Four Emerging Model)에서 피터스는 거버넌스 유형으로 시장모형, 참여모형, 신축모형, 탈규제모형 등 네 가지 모형을 구분하여 제시하였다. 시장(market)모형은 관료제의 비효율성을 극복하고 보상체계를 통해 시장원리에 따른 정부의 효율성 제고를 목표로 한 모형이다. 이러한 거버넌스에서는 행정조직의 분권화와 지방정부 등으로의 권한 위임, 성과급제도 등이 도입될 수 있다. 참여(participatory)모형은 계층적 권위에 따라 참여가 부족하다는 점을 개선하고자 민주적 방식으로써 정부 효율성을 제고시키려고 한 모형이다. 조직을 수평적 형태로 조정하고 팀제 등의 속성을 갖도록 함으로써 참여와 협의를 촉진시킨다. 신축(flexibility)모형은 조직의 영속성을 강조한 전통적 관료모형으로 인해 비효율성이 나타날 수 있음을 전제하고, 보다 신축적이고 폐지가 가능한 조직을 신설하는 것을 제시한다. 탈규제(deregulation)모형은 정부 내부에 존재하는 규제를 철폐함으로써 공고부문의 잠재력과 독창성을 분출시킬 수 있다고 본 모형이다. 문서화되고 규정화된 틀에 얽매이기보다 창의적인 활동을 주도할 수 있도록 하는 데 주안점을 두고 있다. 피터스가 제시한 이러한 모형들은 <표 16.1>로 요약된다.

▶ 표 16.1 피터스의 네 가지 정부모형

구분	시장모형	참여모형	신축모형	탈규제모형
기준	독점	계층제	조직 영속성	내부규제
구조	분권화	수평조직	가상조직	–
관리	성과급 등	팀제 등	임시적 관리	재량권 확대
정책	시장유인	협의, 협상	임시성	기업가적 정부
공익	저비용	참여, 협의	저비용, 조정	자율, 창의

* 자료: G. Peters(1995, 고숙희 외 역, 1998), 권기헌(2007: 223) 재인용

　　피터스와 피에르는 2005년 저서인 「복잡사회를 향한 거버넌스」(Governing Complex Society)에서 정부와 시민 간 관계에 따라 국가통제모형, 자유민주주의모형, 국가중심 조합주의모형, 사회중심 조합주의모형, 자기조정 네트워크모형 등 다섯 가지 거버넌스 모형을 제시하였다. 국가통제모형은 사회의 행위자들의 참여가 배제된 정

부의 통치과정에 대한 모형이다. 정부는 강한 정부로서 가장 중요
한 행위자이며 행위자들에 대한 지배권을 지닌다. 자유민주주의모
형은 미국의 다원주의적 형태로, 사회행위자들의 영향을 인정하지
만 최종 정책결정 권리는 국가에게 있다고 본 것이다. 다만, 국가가
사회로부터 완전히 자유롭다고 보지 않기에 느슨한 국가중심성을
띤다. 국가중심 조합주의모형은 강력한 국가중심성이 사회 쪽으로
조금 이동한 상태로서 국가와 사회 간의 상호작용이 강조된 모형이
다. 사회중심 조합주의모형은 국가중심 조합주의모형보다도 국가중
심성이 사회 쪽으로 더 이동한 모형이다. 실제 네덜란드에서 나타
난 사회조합주의모형으로도 제시된다. 이는 사회적 네트워크의 역
할을 중시하며, 다수 행위자가 국가운영과정에 수반되는 모형이다.
자기조정 네트워크모형은 국가가 국정운영의 능력을 잃어 개별 행
위자들이 자신의 이익을 위해 자기조정(self-steering)을 하는 것을
말한다.

　뉴먼의 모형은 2001년도 저서 「현대적 거버넌스」(Modernizing
Governance: New Labour, Policy and Society)에서 제시한 유형들이
다. 그는 집권화(수직적 통합)와 분권화(차별화)의 정도, 그리고 혁신
과 변화/지속성 및 질서라는 기준에 따라 거버넌스의 유형을 계층
제 유형, 합리적 목표 유형, 개방체제 유형, 자치거버넌스 유형 등
네 가지로 나누었다<그림 16.1>.

　계층제(hierarchy) 유형은 전통적인 관료제적 계층제로 구 거버넌
스 유형이다. 법률과 규정에 따라 엄격한 질서를 유지하며, 집권화
와 수직적 통합이 강조된다. 변화에 저항이 있지만 책임성에 강한
특성을 지닌다. 합리적 목표(rational goal) 유형은 집권화/수직적 통
합의 성격을 지니지만 변화를 추구한다. 보상체계를 통해 신상과
필벌이 이뤄지며, 계약을 통해 책임을 확보하고, 권력은 각 기관이

▼ 그림 16.1 뉴먼의 네 가지 거버넌스 유형

분권화/차별화

| SELF GOVERNANCE MODEL | OPEN SYSTEMS MODEL |

지속성   혁신

질서   변화

| HIERARCHY MODEL | RATIONAL GOAL MODEL |

집권화/수직적 통합

* 자료: G. Newman(2001: 34)

나 조직에 부여된다. 개방체제(open system) 유형은 분권화와 차별화의 특성으로 혁신과 변화를 추구한다. 네트워크 형태로서의 상호작용이 발생되어 권력이 분산된다. 다만 책임소재가 불분명하다. 자치거버넌스(self-governance)는 분권화와 차별화 특성의 네트워크 형태로서 지속성과 질서가 강조되는 유형이다. 장기적인 관계 지속성을 구축하고자 하며 시민사회의 역할을 강조한다. 참여민주주의를 토대로 민관 협동과 파트너십을 중시하고, 정책의 결정과 집행에 있어서도 참여를 중시한다. 호혜적 관계에서의 책임성을 갖는다.

쿠이만의 2003년도 저서 「거버넌스로서의 통치」(Governing as Governance)에서는 국가−사회의 중심성을 기준으로 거버넌스를 자치거버넌스, 협력거버넌스, 계층제거버넌스 등 세 가지 유형으로 구분하였다. 자치거버넌스(self-governance)는 사회적 독립체가 정체성을 개발하거나 유지하는 수단을 스스로 마련할 역량이 있음을 전제한다. 사회의 행위자들은 상당히 높은 수준의 사회적자율성과 정치적 자율성을 지니며, 상호작용의 결과로서 '자기조직적' 네트워크를 생성한다고 본다. 여기에서 개별 행위자는 상호작용과 자기조정능력을 가지며, 학습과 성장을 통해 스스로 더 큰 사회조직을 이뤄나간다. 쿠이만은 자치거버넌스의 사례로 전문직 종사자들의 거버넌스를 사례로 든다. 의사나 법조인들은 교육과 훈련을 통해 직종에 진입하게 되고, 외부로부터 통제를 덜 받는다. 따라서 이들은 자신들의 역량을 통해 상당한 정도의 자치거버넌스를 가지게 된다고 보았다. 자치거버넌스는 앞 챕터에서 살펴본 공유재의 관리에 있어서도 유용한 방안으로 검토될 수 있다. 오스트롬도 자원의 효율적 관리를 위한 방안으로 자치거버넌스를 제시하기도 하였다. 협력거버넌스(co-governance)는 정부와 민간의 협력을 토대로 이들의 소통과 네트워크 능력을 강조한 개념이다. 따라서 그 하위개념으로 의사소통적 거버넌스, 민관협력 거버넌스, 공동관리, 네트워크, 레짐(regimes) 등이 민관 상호작용의 수준에 따라 구분되기도 한다. 현대사회의 특징으로서 복잡성, 다양성, 역동성에 대응하기 위해 민관 간 협력과 네트워크의 중요성을 내세운다. 계층제거버넌스(Hierarchical governance)는 관료제적 계층제를 토대로 한 거버넌스 유형이다. 시장기제와 시민사회의 협력을 포함하며, 통제(control)보다는 관료제의 조정(steering) 기능을 강조한다.

심화학습 ─────────────────────────

　거버넌스는 이처럼 통치방식에 관한 내용을 제시한 개념으로, 정책을 둘러싼 환경과 제도로서 중요하게 다뤄지는 요소이다. 일례로 정책의 품질 제고와 정책과정에서의 갈등관리는 어떠한 거버넌스 체제 하에 있는지에 따라 다르게 제시될 수 있다. 더욱이 정책학의 최상위 목적인 인간 존엄을 실현시키기 위하여 거버넌스는 문제해결의 방식으로서도 큰 의미를 지닌다.[4]

주석

1. Kjaer, 2004: 3.
2. 거버넌스 정의는 이명석(2015: 330 – 347)에서 구분하여 제시한 학자들을 중심으로 기술하였다.
3. 거버넌스 유형 분류는 권기헌(2007: 221 – 230), 남궁근(2012: 228 – 231) 등에서 언급된 유형들을 중심으로 제시하였다.
4. 권기헌, 2007: 234 – 244.

참 고 문 헌

권기헌. (2007). 「정책학의 논리」. 박영사.

_____. (2010a). 「정책분석론」. 박영사.

_____. (2010b). 「정책학」. 박영사.

_____. (2013). 「행정학 콘서트」. 박영사.

_____. (2014). 「정책학강의」. 박영사.

김대진·Frances S. Berry. (2010). 정책혁신과 확산 연구의 과거, 현재 그리고 미래. 「한국정책학회보」, 19(4): 75 – 113.

_____. (2015). 지방자치단체의 정책학습과 정책의 확산: 도심지역의 버스환승제 채택과 확산을 중심으로. 「한국정책과학학회보」, 19(1): 1 – 34.

김명수·공병천. (2013). 「성과관리를 위한 공공정책평가론」. 한국학술정보.

김명환. (2005). 사회적 형성주의 관점에서의 정책연구: 대상 집단의 사회적 형성이론과 적용. 「한국정책학회보」, 14(3): 31 – 56.

김선혁. (2004). 비교정책학의 현재와 미래. 「한국행정학보」, 13(3): 259 – 278.

김순양. (2010). 정책과정분석과 옹호연합모형: 이론적·실천적 적실성 검토. 「한국정책학회보」, 19(1): 35 – 70.

김영평. (1995). Herbert A. Simon의 절차적 합리성 이론. 오석홍 (공편). 「정책학의 주요이론」, 12 – 22. 경세원.

김용학. (2013). 「사회 연결망 분석」. 서울: 박영사.

김정훈. (2014). 정책과정에서의 권력구조와 네트워크 특성에 관한 연구: 방송분야 IPTV, 신문·방송 겸영, 미디어렙 경쟁체제 입법사례를 중심으로. 성균관대학교 박사학위논문.

_____. (2017). 방송분야 정책네트워크 특성 연구: 방송언론의 소유규제 완

화 정책사례를 중심으로. 「한국행정학보」, 51(1): 65–89.

김정훈·권기헌. (2012). 미디어렙 경쟁체제 도입의 정책결정과정 분석: 옹호
연합모형(ACF)과 양면게임이론(TLG)의 결합모형 적용. 「한국정책학회
보」, 21(3): 209–240.

김정훈·서인석. (2017). 지역 공공재와 주민 인구규모의 관계 분석: Tiebout
모형과 재정건전성의 상호작용을 포함하여. 「한국정책학회보」, 26(1): 75–
93.

김태은. (2014). 「행정이론과 정부역할: 인간 본성, 거래, 협력」. 대영문화사.

남궁근. (1990). 국가보건의료정책발달의 결정요인에 관한 연구: 경쟁적 제관
점의 비교평가. 「한국행정학보」, 24(1): 1399–1420.

_____. (1994). 정책혁신으로서 행정정보공개조례채택. 「한국정치학회보」,
28(1): 101–121.

_____. (2005). 공공정책. 김세균·박찬욱·백창재 (공편). 「정치학의 대상과
방법」, 495–542. 서울: 박영사.

_____. (2012). 「정책학원론」. 법문사.

노화준. (2010). 「정책분석론」. 박영사.

_____. (2012). 「정책학원론」. 박영사.

서울대학교 정치학과 교수 공저. (2009). 「정치학의 이해」. 서울: 박영사.

서인석. (2013). 국회 입법과정에서 정책산출의 영향요인에 관한 연구: 사회
복지법안 및 과학기술법안 분석을 중심으로. 성균관대학교 박사학위논문.

_____. (2016). 정책신념의 변화는 시간의 전유물인가: ACF 정책신념의 변
화에 대한 한국적 검토. 「한국행정학보」, 50(2): 39–70.

_____. (2015). 한국 정책대상집단의 사회적 구성에 대한 탐색적 지형화
(mapping) 연구: 사회적 구성주의의 이론적 과제와 확장. 「지방정부연
구」, 19(2): 63–89.

서인석·윤병섭. (2017). 정치체제, 주도자, 그리고 문지기: 헌법소원과 그 판
결에 기초한 Cob, Ross, & Ross 의제설정모형의 확장. 「지방정부연구」,
21(1): 25–52.

서인석·조일형. (2014). 한국의 정책중개자는 누구인가: ACF 정책변동을 중
심으로 한 메타분석의 적용. 「한국행정학보」, 48(3): 227–256.

유 훈. (2009). 「정책변동론」. 대영문화사.

_____ · 김지원. (2005). 「정책학원론」. 한국방송통신대학교출판부.

이동규. (2011). 「초점사건 이후 정책변동 연구: 한국의 대규모 재난 사례를 중심으로」. 성균관대학교 박사학위논문.

이명석. (2015). 거버넌스의 개념화: '사회적 조정'으로서의 거버넌스. 329－352. 「다시 읽고 싶은 한국행정학 좋은 논문 14선 (박순애 편)」. 박영사.

이수상. (2012). 「네트워크 분석 방법론」. 논형.

장석준. (2013). 「정책유형별 확산 메커니즘의 차별적 영향력에 관한 실증 연구. 한국정책학회보」, 22(4): 253－283.

정정길 · 최종원 · 이시원 · 정준금 · 정광호. (2011). 「정책학원론」. 대명출판사.

정철현. (2008). 「행정이론의 발전－베버에서 오스본까지」. 다산출판사.

조일형 · 권기헌 · 서인석. (2014). 정책학습이 정책확산에 미치는 영향에 관한 연구: 출산장려금 정책을 중심으로. 「한국정책학회보」, 23(3): 1－26.

조현수 (역). (2012). 「정치학, 현대정치의 이론과 실천」. 서울: 성균관대학교 출판부. 원저: Andrew Heywood. (2007). Politics (3rd ed). Palgrave Macmillan.

최상한. (2010). 지방정부 주민참여예산제도의 확산과 영향요인. 「한국행정학보」, 44(3): 87－113.

하민지 · 서인석 · 권기헌. (2011). 한국 지방정부의 정책확산 영향요인에 관한 연구: 정책행위자와 환경적 결정요인을 중심으로. 「한국행정학보」, 45(4): 151－179.

하연섭. (2011). 「제도분석: 이론과 쟁점」. 다산출판사.

허 범. (1982). 가치인식과 정책학, 「현대사회과학의 이해」. 대왕사.

_____. (1988). 새로운 공공행정의 모색: 민본행정의 이념과 과제, 100－135. 「민주주의 성숙을 위한 공공행정」. 한국행정학회.

_____. (2002). 정책학의 이상과 도전. 「한국정책학회보」, 11(1): 293－311.

Adam, S., and Kriesi, H. (2007). "The Network Approach." 129－154. In Paul A. Sabatier (ed). *Theories of the Policy Process*. Boulder, Colorado: Westview Press.

Allison, Graham T. (1971). *Essence of Decision: Explaining the Cuban Missile Crisis.* Boston: Little, Brown and Company.

Almond, Gabiel A., and Powell, G. Bingham Jr. (1996). *Comparative Politics: A Developmental Approach.* Boston: Little, Brown & Co.

Ascher, W. (1987). "The Evolution of Policy Sciences: Understanding the Rise and Avoiding the Fall." *Journal of Policy Analysis and Management*, 5: 365−373.

Bachrach, P., and Baratz, M. S. (1970). *Power and Poverty: Theory and Practice.* New York: Oxford Press.

Bardach, Eugene. (1976). "Policy Termination as a Political Process," *Policy Sciences*, 1: 124−126.

_____. (1977) The Implementation Game: What Happens After a Bill Becomes a Law. Cambridge: The MIT Press.

Berry, F. S. (1994). "Sizing Up State Policy Innovation Research." *Policy Studies Journal*, 22

_____, & W. D. Berry. (1990). "State Lottery Adoptions as Policy Innovation: An Event History Analysis." *American Political Science Review*, 84(2): 395−415.

_____. (1992). "Tax Innovation in the States: Capitalizing on Political Opportunity." *American Journal of Political Science*, 36(3): 715−742.

_____. (2007). "Innovation and Diffusion Models in Policy Research." 223−260. In Paul A. Sabatier (ed). *Theories of the Policy Process.* Boulder, Colorado: Westview Press.

Berry, Jeffrey M., and Wilcox, Clyde. (2006). *The Interest Group Society*, 4th ed. New York: Longman.

Bottomore, T. B. (1966). *Elites and Society.* Harmondworth: Penguin.

Campbell, John C. (1989). "Bureaucratic Primacy: Japanese Policy Communities in an American Perspective." *Governance: An International Journal of Policy and Administration*, 2(1): 5−22.

Cannon, BC., and Baum, L. (1981). "Patterns of adoption of tort law innovations: an application of diffusion theory to judicial doctrines." *American Political Science Review*, 75(4): 975–987

Carter, D. (1964). *Power in Washington*. New York: Vintage Books

Cobb, Roger W., and Charles D. Elder. (1983). *Participation in American Politics: The Dynamics of Agenda – Building*. 2nd ed. Baltimore: The Jones Hopkins University Press.

_____, Jennie – Keith Ross, & Mare Howard Ross. (1976). "Agenda – Building as a Comparative Political Process." *American Political Science Review*. 70(1):126 – 138.

Collier, David, and Richard E. Messick. (1975). "Prerequisites versus diffusion: Testing alternative explanations of Social Security adoption." *American Political Science Review*, 69(4): 1299 – 1315.

Dahl, Robert A. (1961). *Who Governs?*. New Haven: Yale University Press.

Dawson, R. E., and J. A. Robinson. (1963). "Inter – party competition, economic variables and welfare policies in the American states." *Journal of Politics*, 25: 265 – 289.

Dror, Yehezke. (1983). "New Advances in Public Policy Teaching." *Journal of Policy Analysis and Management*, 2(3).

Eyestone, Robert. (1977). "Confusion, diffusion, and innovation." *American Political Science Review*, 71(2): 441 – 447.

Fabricant, S. (1952). *The Trend of Government Activity in the United States since 1900*. New York: National Bureau of Economic Research.

Goldsmith, S., and Eggers, W. D. (2004). *Governing by Network: The New Shape of The Public Sector*. Washington D. C.: Brookings Institution Press. 번역서 : 이명석·오수길·배재현·양세진 옮김. 「네트워크 정부」. 한울 아카데미.

_____, and Kettl, D. F. (2009). *Unlocking the Power of Networks: Keys to High – performance Government*. Washington D.

C.: Brookings Institution Press.

Gray, Virgina. (1973). "Innovation in the States: A Diffusion Study." *The American Political Science Review*, 67(4):1174-1185.

Grupp, Fred W., Jr., and Alan R. Richards. (1975). "Variations in Elite Perceptions of American States as Referents for Public Policy Making." *American Political Science Review*, 69:850-58.

Heclo, Hugh. (1978). "Issue Networks and the Executive Establishment." In Anthony King (ed). *The New American Political System*. Washington D. C.: American Enterprise Institute.

Howlett, Michael, and Ramesh, M. (2003). *Studying Public Policy: Policy Cycles and Policy Subsystems* (2nd ed). Toronto: Oxford University Press.

Hogwood, Brian, and Peters, Guy B. (1983). *Policy Dynamics*. NY: St. Martin's Press.

Hunter, Floyd. (1963). *Community Power Structure*. New York: Doubleday and Company Inc.

Ikenberry, G. J. (1988). "Conclusion: an institutional approach to American foreign economic policy." *International Organization*, 42 (1): 219 – 243.

Jordan, A. Grant. (1981). "Iron Triangles, Woolly Corporatism, and Elastic Net: Images of the Policy Process." *Journal of Political Research*, 21(1 – 2): 7 – 27.

Karch, Andrew. (2007). Democratic Laboratories: Policy Diffusion among the American States. Ann Arbor: University of Michigan Press.

Kettl, F. Donald. (2009). "The Key to Networked Government." In Goldsmith, S. and Kettl, F. D. (eds). *Unlocking the Power of Networks: Keys to High – Performance Government*, 1 – 14. Washington, D. C.: Brookings.

Key, V. O. Jr. (1949). *SOUTHERN POLITICS IN STATE AND NATION.*

New York: Alfred A. Knopf.

Kingdon, John W. (1995). *Agendas, Alternatives, and Public Policies.* 2nd ed. NY: Addison Wesley Longman, Inc.

Kjaer, Anne M. (2004). *Governance.* Cambridge: Polity.

Kooiman, J. (2003). *Governing as Governance.* Thousand Oaks: Sage.

Lasswell, Harold D. (1951). "The Policy Orientation." In Daniel Lerner and Harold D. Lasswell (eds). *The Policy Sciences,* 3－15. Stanford University Press.

＿＿＿＿＿＿＿＿. (1970). "The Emerging Conception of Policy Science." *Policy Sciences,* 1: 3－14.

＿＿＿＿＿＿＿＿. (1971). *A Pre－View of Policy Sciences.* N.Y.: Elsevier.

Lewis－Beck, Michael. S. (1977). "The Relative Importance of so－cio－Economic and Political Variables for Public Policy." *American Political Science Review,* 71: 559－566.

Light, Alfred R. Light. (1978). "Intergovernmental Sources of Innovation in State Administration." American Politics Quarterly, 6: 147-65.

Lindblom, Charles E. (1980). *The Policy－Making Process.* 2nd ed. NY: St. Martin's Press.

Lowi, Theodore J. (1964). "American Business, Public Policy, Case－Studies and Political Theory." World Politics, 16.

＿＿＿＿＿＿＿＿. (1972). "Four Systems of Policy, Politics and Choice." *Public Administration Review,* 32: 298－310.

Marsh, David, and Rhodes, R. A. W. (1992). "Policy Communities and Issue Networks: Beyond Typology." In D. Marsh and Rhodes, R. W. A. (eds). *Policy Networks in British Government.* Oxford University Press.

March, James G., and Olsen, Johan P. (1984). The New Institutionalism: Organizational Factors in Political Life. *American Political Science Review.* 78(3): 734－739.

May, Peter J. (1991). "Reconsidering Policy Design: Policies and Publics." *Journal of Public Policy*. 11(2): 187−206.

Nakamura, Robert T., and Smallwood, Frank P. (1980). *The Politics of Policy Implementation*. NY: St. Martin's Press.

Newman, Janet. (2001). *Modernizing Governance: New Labour, Policy and Society*. Lonon: Sage.

Mills, C. W. (1956). *The Power Elite*. New York: Oxford University Press.

North, Douglass C. (1990). *Institutions, Institutional Change and Economic Performance*. Cambridge University.

Ostrom, Elinor. (2005). *Understanding Institutional Diversity*. Princeton, NJ: Princeton University Press.

_____. (2007). "Institutional Rational Choice: An Assessment of the Institutional Analysis and Development Framework." 21−64. In Paul A. Sabatier (ed). *Theories of the Policy Process*. Boulder, Colorado: Westview Press.

Peters, Guy. (1995). *The Futures of Governing*. University press of Kansas. 번역서: 고숙희 외 옮김. 「미래의 국정관리」. 법문사.

Pressman, J. L., and Wildavsky, A. (1979). *Implementation*. Berkeley C. A.: Univ. of Cadlifornia Press.

Rhodes, R. A. W. (1990). "Policy Networks: A British Perspective." *Journal of Theoretical Politics*, 2(3): 219−318.

Rogers, E. M. (1983). *Diffusion of innovations*. (3rd edition) New York: Free Press.

Rogers. (2003). *Diffusion of innovations*. (5rd edition) New York: Free Press.

Pilcher, Donald M., Charles J. Ramirez, and Judson J. Swihart. (1968). "SOME CORRELATES OF NORMAL PENSIONABLE AGE." *International Social Security Review*, 21(3): 387−411.

Sabatier, Paul A. (1993). "Policy Changes over a Decade or more."

13-39. In Sabatier, Paul A. & Jenkins-Smith, Hank C. (eds.) *Policy Change and Learning: An Advocacy Coalition Approach.* Colorado: Westview.

_____, and Mazmanian, Daniel. (1980). "The Implementation of Public Policy: A Framework for Analysis." *Policy Studies Journal,* 8.

_____, and Weible, Christopher M. (2007). "The Advocacy Coalition Framework: Innovations and Clarifications." 189-220. In Paul A. Sabatier (ed). *Theories of the Policy Process.* Boulder, Colorado: Westview Press.

Scott, W.R. (2001). *Institutions and organizations.* (2nd.), Sage: Thousand Oaks.

Schneider, Anne., and Ingram, Helen. (1993). "Social Construction of Target Populations: Implications for Politics and Policy." *American Political Science Review,* 87(2), 1993a, pp.334-347.

Ingram, Helen, Anne L. Schneider, and Peter deLeon. (2007). "Social Construction and Policy Design." In *Theories of the Policy Process,* 2nd ed. Paul A. Sabatier: 93-126.

Sharkansky, Ira. (1970). *Regionalism in American Politics.* New York: Bobbs-Merrill.

Simon, Herbert A. (1957). *Models of Man: Social and Rational.* New York: John Wiley and Sons.

Smith, M. J. (1993). *Pressure, Power, and Policy: State Autonomy and Policy Networks in Britain and United State.* New York: Harvester Wheatsheaf.

Taira, Koji., and Kilby, Peter. (1969). "Differences in Social Security Development in Selected Countries." *International Social Security Review,* 22: 139-153.

Taylor, Frederick W. (1991) *The Principles of Scientific Management.* NY: Harper & Row.

Tompkins, G.L. (1975). "A Causal Model of State Welfare Expenditure."

Journal of politics, 2: 392－416.

Waarden, V. Frans. (1992). "Dimensions and Types of Policy Network." *European Journal of Political Research*, 21(1－2): 29－52.

Walker, Jack L. (1969). "The Diffusion of Innovations Among the American States." *The American Political Science Review*, 63: 880-899.

_____. (1973). "Comment (on Gray)." *American Political Science Review*, 67(4): 1186-1191.

Wasserman, Stanley, and Faust, Katherine. (2009). *Social Network Analysis: Methods and Applications*. New York: Cambridge University Press.

Wilson, James Q. (1995). *Political Organizations*. Princeton: Princeton University Press.

Wilson, Woodrow. (1887). The Study of Administration. *Political Science Quarterly*. 2(2): 293－294.

공저자 약력

김정훈

학력
- 단국대학교사범대학부속고등학교 졸업
- 고려대학교 경제학과/행정학과 졸업(복수전공)
- 고려대학교 정책대학원 졸업(경제학 석사)
- 성균관대학교 국정전문대학원 졸업(행정학 박사)

경력
- (현) 한국방송광고진흥공사(kobaco) 기획조정실 근무
- 한국정책학회 이사 역임
- 한국방송광고진흥공사(인사팀 감사실 등) 근무
- 안양대학교 경영행정대학원 등 강의

주요 논문
- 지역 공공재와 주민 인구규모의 관계 분석: Tiebout 모형과 재정건전성의 상호 작용을 포함하여(한국정책학회보, 2017)
- 방송분야 정책네트워크 특성 연구: 방송언론의 소유규제 완화 정책사례를 중심으로(한국행정학보, 2017)
- 미디어렙 경쟁체제 도입의 정책결정과정 분석: 옹호연합모형(ACF)과 양면게임 이론(TLG)의 결합모형 적용(한국정책학회보, 2012)
- 청소년 인터넷 중독에 관한 생활환경적 요인분석(정책분석평가학회보, 2012)

서인석

학력
* 부천 원종고등학교
* 안양대학교 행정학과 졸업
* 성균관대학교 국정전문대학원 석사 졸업(행정학 석사)
* 성균관대학교 국정전문대학원 박사 졸업(행정학 박사)

경력
* (현) 안양대학교 행정학과 조교수
* (현) 한국행정학회 신진학자연구회 회장
* 한국지방정부학회 총무이사 역임
* 한국정책학회 재난안전특별위원회 이사 역임

주요 논문
* Mediating Role of Entrepreneurship in Explaining the Association between Income Inequality and Regional Economic Performance(Economic Development Quaterly, 2018)
* Relationship the Changes in Policy Tools and the Local Fiscal Structure (JCEA, 2017)
* 정책의제 주도자 그리고 문지기: 헌법소원과 그 판결에 기초한 Cobb, Ross, & Ross 의제설정모형의 확장(지방정부연구, 2017)
* The Government − Driven Social Enterprises in South Korea(IRAS, 2016)
* 정책신념변화는 시간의 전유물인가(한국행정학보, 2016)
* 정책명칭, 상징, 그리고 수용(한국행정학보, 2014)

이해하기 쉽게 16챕터로 정리한
정책이론 핸드북

초판발행	2018년 1월 3일
공저자	김정훈·서인석
펴낸이	안종만
편 집	한두희
기획/마케팅	김한유
표지디자인	권효진
제 작	우인도·고철민

펴낸곳	(주) **박영사**
	서울특별시 종로구 새문안로3길 36, 1601
	등록 1959. 3. 11. 제300-1959-1호(倫)
전 화	02)733-6771
f a x	02)736-4818
e-mail	pys@pybook.co.kr
homepage	www.pybook.co.kr
ISBN	979-11-303-0517-2 93350

정 가   19,000원